Die erste Immobilie fachmännisch kaufen, verwalten, verkaufen

Jürgen Berreth

Immobilien Ratgeber

Impressum
Die erste Immobilie fachmännisch kaufen, verwalten, verkaufen
von Jürgen Berreth
Zweite Auflage Juli 2021

Autor: Jürgen Berreth
Kontaktdaten
Anschrift: Talstrasse 62/1, 70794 Filderstadt.
E-Mail: Buch@Berreth-Immobilien.de

ISBN: 978-3-00-069697-8

Lektorat, Korrektorat: Korrektoratsbüro Stephan Vogt - Bildungsdienstleistungen, D-59320 Westkirchen
Weitere Mitwirkende:
Gerhard Berreth (Hausverwalter und Immobilienmakler)
Birgit Hahn (Spezialistin im Home Staging)

Vorwort

Vielen Dank! Wir freuen uns, dass Sie das vorliegende Buch erworben haben. Nun liegt es an Ihnen, sich die Zeit zu nehmen, alles rund um den Kauf, den Verkauf oder die Verwaltung einer Immobilie hier nachzulesen.

Gerne würde ich zu Beginn einige Punkte über mich erzählen. Mein Name ist Jürgen Berreth, ich bin 33 Jahre alt und führe aktuell ein Immobilienmaklerbüro in Filderstadt südlich von Stuttgart.

Sehr früh geriet ich in Kontakt mit dem Thema Immobilie. Mein Vater betreibt nämlich seit vielen Jahren Hausverwaltungen als Selbstständiger im Kleingewerbe (Nebentätigkeit). Während meines Studiums zum Wirtschaftsingenieur hatte ich daher des Öfteren die Möglichkeit, ihn bei der Hausverwaltung zu unterstützen und verfolgte interessiert alle Tätigkeiten, die damit zusammenhängen. Für mich war es von daher von großem Interesse, nicht nur die Verwaltung einer Immobilie zu übernehmen, sondern auch einen Verkauf oder Kauf abzuwickeln und fachlich zu begleiten. Eine Vielzahl der Kunden meines Vaters fragten diese Dienste immer wieder bei ihm an. Des Öfteren erhielt er Anfragen, ob er beim Verkauf oder einem Kauf einer Immobilie beraten und unterstützen kann. Daher wurde die Idee geboren, ein gemeinsames Immobilienunternehmen mit meinem Vater zu gründen. Da ich jedoch mein Studium zum Wirtschaftsingenieur noch abschließen musste, stellte ich diesen Traum zunächst noch zurück. Nach dem

Studium zog es mich dann zuerst zu einem namhaften Automobilhersteller nach München, um hier erste Erfahrungen in der freien Wirtschaft zu gewinnen. Durch meine Tätigkeit als Projektleiter lernte ich viele Kolleginnen und Kollegen kennen, die sich auch mit großem Interesse dem Thema Immobilien widmeten. Gerne tauschte ich mich mit meinen Kollegen über deren Immobilien aus.
Bereits im Alter von 25 Jahren erwarb ich selbst meine erste Immobilie. Hierbei handelte es sich um eine 2-Zimmerwohnung in zentraler Lage in München. Meine Suche nach dieser ersten Immobilie erstreckte sich über elf Monate. In dieser Zeit habe ich viele Wohnungen besichtigt und mich mit vielen Verkäufern, Immobilienmaklern sowie Hausverwaltern ausge-tauscht. Durch diesen Kauf und weitere Immobilien-käufe in den Folgejahren erhielt ich einen guten Einblick in die Materie.
In den folgenden Jahren besuchte ich einige Immobilienseminare, las viele Bücher zu diesem Thema und hatte viele Besichtigungstermine zum Erwerb von Immobilien. Des Weiteren unterstützte ich Freunde und Bekannte sowie Arbeitskollegen unentgeltlich beim Kauf oder Verkauf ihrer Wohnung, da mir dieses Thema einfach Spaß bereitete.

Im Jahre 2015 war es dann soweit. Ich hatte ausreichend Erfahrung in der freien Wirtschaft gesammelt und wollte nun den Schritt gehen, mich als Immobilienmakler selbständig zu machen. Durch die jahrelange Erfahrung meines Vaters, die unzähligen Kontakte zu Immobilienbesitzern sowie meine Ausbildung zum Wirtschaftsingenieur tat ich mich hier nicht besonders schwer. Außerdem kam mein Service sowohl bei den Käufern als auch bei den Verkäufern immer sehr gut an. Ich merkte, wie ich oft bei Kunden auf offene Ohren stieß und konnte mich auch gut in sie hineinversetzen.

Wie kam es nun zu diesem Buch?
Als Immobilienmakler ist man nicht nur Schnittstelle zwischen Käufer und Verkäufer, sondern man ist auch beratend für beide Parteien tätig. Es kommt zu unzähligen Fragen, was wie steuerlich von Vorteil wäre, welche Unterlagen wann vorhanden sein müssen, oder ob die vorliegende Finanzierung gut oder weniger gut für einen Kaufinteressenten ist. Hierzu wollte ich für meine Kunden einen Leitfaden verfassen. In diesem Leitfaden sollten alle relevanten Themen vom Kauf einer Immobilie, deren Verwaltung, der Vorbereitung zum Notartermin bis hin zum Verkauf der Immobilie an sich aufgeführt werden. Der Leitfaden sollte aber nicht nur alle notwendigen Schritte erläutern - er sollte auch als Arbeitsdokument dienen. Ich wollte meinen Kunden z.B. eine Musterdatei zur Verfügung stellen, um eine Nebenkostenabrechnung für Mieter zu erstellen. In dem Leitfaden sollte erläutert werden, wie die Datei auszufüllen ist und welche Kosten der Eigentümer und welche der Mieter zu tragen hat.
Nachdem ich meinem Vater, meiner Frau sowie meinen Freunden und Bekannten von der Idee berichtet hatte, kam von allen Seiten die Frage: „Warum möchtest du das nur für deine Kunden machen?“ Dieses Thema ist doch für sehr viele Immobilieneigentümer oder werdende Haus- oder

Wohnungsbesitzer interessant. Daher sollte es jedem, der Informationen benötigt, zugänglich gemacht werden!

So war die Idee geboren: Ich verfasse mein erstes eigenes Buch - einen Immobilienratgeber. Um breites und fundiertes Wissen abzubilden, unterstützte mich mein Vater beim Schreiben dieses Buches.
Einige Vorgehensweisen und Tipps, die im Buch aufgeführt sind, stammen außerdem von unseren Geschäftspartnern wie Steuerberatern, Notaren und Anwälten sowie von Sachbearbeitern bei Kredit-instituten. Des Weiteren haben wir einen Gastbeitrag von Frau Birgit Hahn, die im Bereich Home Staging erfolgreich tätig ist.

Wir würden uns sehr freuen, von Ihnen ein Feedback zu diesem Buch zu erhalten. Gerne möchten wir das Buch auch erweitern bzw. optimieren und benötigen hierzu Ihre ehrliche Meinung.
Am Ende dieses Buches werden wir Sie hierauf nochmal aufmerksam machen. Sollten Sie außerdem Interesse daran haben, die Musterdokumente zum Download zu nutzen, sollten Sie den Hinweis am Ende im Kapitel "In eigener Sache" beachten.

Mit der zweiten Auflage zum Buch haben wir folgende Themen ergänzt bzw. überarbeitet:

- Hausverwaltung und Abrechnung
- Verkauf bei Scheidung
- Immobilien im Alltag
- Neuregelung der Maklerprovision

- weitere Tipps in mehreren Kapitel

Warum Immobilien?

Eine Immobilie ist für viele Menschen heutzutage die größte finanzielle Anschaffung, die sie in ihrem Leben tätigen. Gerade bei den „Schwaben“ gibt es das Sprichwort: „ Schaffa, schaffa Häusle baua“, das ich auch von klein auf hörte und das mich auch etwas geprägt oder beeinflusst hat. Trotz dem Wandel der Zeit stellt es noch immer ein wichtiges Lebensziel der Deutschen dar, ein eigenes Haus oder eine eigene Wohnung zu besitzen. Tatsache ist, dass wohlhabende Menschen in Immobilien investieren und häufig auch mehrere Objekte besitzen. Was die Immobilie als Anschaffung so interessant macht, erfahren Sie im nächsten Abschnitt, da es sehr abhängig davon ist, wie Sie diese Immobilie nutzen.

Die Immobilie zur Eigennutzung oder als Kapitalanlage?

Immobilie zur Eigennutzung

Der Kauf einer Immobilie zur Eigennutzung bringt folgende Vorteile mit sich:

1. Sie erwerben die Immobilie für sich selbst. Das bedeutet: Die Immobilie muss Ihnen gefallen. Ob einem potentiellen Mieter die Wohnung gefällt, ist hierbei zunächst zweitrangig. Etwas im Gegensatz hierzu stehen daher die Aspekte im zweiten Kapitel „Die perfekte Immobilie“, bezogen auf die Lage sowie den Zustand und die Ausstattung der

Immobilie. Wenn Sie eine Immobilie zur Eigennutzung kaufen, so können Sie diese nach Ihren Vorstellungen umbauen, renovieren und ausstatten.

2. Sie müssen beim Erwerb und der Nutzung Ihrer eigenen Immobilie nicht befürchten, dass Ihnen ein Eigentümer den Mietvertrag kündigt und Sie dadurch aus Ihrem gewohnten Umfeld heraus müssen.
3. Die Wertsteigerung von Immobilien hat ebenfalls eine große Auswirkung auf die Mieten. So erfolgten in den letzten Jahren zahlreiche Anpassungen. Als Eigentümer sind Sie hiervon jedoch unabhängig. Durch den Kauf einer Immobilie können Sie die zu zahlende Miete direkt als Rate zur Kredittilgung verwenden. Wir als Makler haben oft die Erfahrung gemacht, dass die meisten Mieter sehr viele Jahre (20 Jahre und mehr) in einer Immobilie wohnen. In dieser Zeit wäre es bei vielen Mietern durchaus möglich, eine Immobilie gar selbst zu erwerben.
4. Sollten Sie die Immobilie nach dem Kauf drei Jahre selbst bewohnt haben, so können Sie das Objekt steuerfrei verkaufen. Das ist besonders für Wohnungen oder Häuser in großen Städten sowie in deren Umkreis interessant. Bei den deutlichen Wertsteigerungen in den vergangenen Jahren ist meist beim Verkauf ein höherer Preis zu erzielen.

Immobilie als Kapitalanlage

Der Kauf einer Immobilie zur Kapitalanlage bringt folgende Vorteile mit sich:

1. Für einen Kapitalanleger ist die wichtigste Kennzahl die Rendite. Heutzutage erhalten sie von Banken, Lebensversicherungen und Bausparkassen leider nur wenig Zinsen. Diese Zinseinkünfte sind dann zusätzlich auch noch zu versteuern. Das ist bei solch normalen Geldanlagen, wenn man dann die jeweilige Inflation noch mit berücksichtigt, entweder ein Nullsummenspiel oder gar ein Verlustgeschäft.
2. Diese Niedrigzinspolitik bringt jedoch auch Vorteile mit sich. Lange Zeit konnte man nicht mehr so günstig an Geld für einen Immobilienkauf gelangen wie heute. Für Kapitalanleger ist dadurch der Kauf einer Immobilie deutlich interessanter geworden. Durch eine günstige Finanzierung und die optimale Auswahl einer Immobilie als Kapitalanlage lässt sich eine gute Rendite realisieren.
3. Eine Immobilie leidet nicht so stark unter der Inflation und steigert kontinuierlich seinen Wert. Der wichtigste Parameter zur Wertsteigerung ist deren Lage. Hier beobachtet man ein deutliches Gefälle von den städtischen Gebieten hin zu ländlichen Gefilden.
4. Beim Kauf einer Immobilie stehen Ihnen viele steuerliche Vorteile zur Verfügung. So können Sie bei der Vermietung die Zinsen des Fremdkapitals, die Kosten für die Renovierung des Wohnraums oder die Abschreibung auf das Gebäude steuerlich absetzen.
5. Ist die Immobilie zehn Jahre in Ihrem Besitz, dann können Sie das Objekt steuerfrei verkaufen (mehr Details hierzu im Kapitel "Verkauf Ihrer Immobilie" - Steuerlicher Aspekt). Bei den deutlichen Wertsteigerungen in den vergangenen Jahren ist häufig ein höherer Verkaufspreis zu erzielen.

6. Eine Immobilie kann Ihnen einen zusätzlichen Cashflow (passives Einkommen) generieren.

   Das möchten wir Ihnen im folgenden vereinfachten Rechenbeispiel näher erläutern:

Invest / Einnahmen	Belastung / Ausgaben
Eigenkapital 10.000 €	Kaufpreis der Immobilie 100.000 €
Miete 5.000 €	Zinsen 1.500 € (1,5 %)
	Tilgung 3.000 € (3 %)

Das vereinfachte Rechenbeispiel soll Ihnen ein Grundverständnis zu den Einnahmen und Ausgaben einer vermieteten Immobilie im Wert von 100.000 € aufzeigen. Nicht berücksichtigt ist in der Berechnung der Einfluss der Steuer. Ein Eigenkapital von 10.000 € ist zumeist eine der Grundforderungen einer Bank in dieser Größenordnung. Meistens beträgt das Eigenkapital bei einer Finanzierung jedoch mindestens 10% des Kaufpreises.

Der zusätzliche Cashflow (passives Einkommen) errechnet sich nun aus den Mieteinnahmen von jährlich 5.000 € und den Ausgaben von Zins und Tilgung von insgesamt 4.500 €.

Anhand des Rechenbeispiels ist nun zu erkennen, dass die Immobilie aus der Mietzahlung heraus mit 3 %

Tilgung abbezahlt wird und zusätzlich einen Überschuss von jährlich 500 € erzielt.

Die Rendite der Immobilie errechnet sich nun aus den Mieteinnahmen und dem Kaufpreis der Immobilie:
(5.000 € : 100.000 €) x 100 = 5 %

Leverage-Effekt (die Eigenkapitalrendite):
Ein weiterer Parameter zur Renditeberechnung ist der Leverage-Effekt (Hebeleffekt). Beim Kauf einer Immobilie mit einem Kaufpreis von 100.000 € und einem Eigenkapital in Höhe von 10.000 € lässt sich die Eigenkapitalrendite ausschließlich mit dem investierten Kapital berechnen. Durch die investierte Summe über 10.000 € und dem Hebel der Finanzierung über 100.000 € können Sie eine höhere Rendite erreichen als direkt die 100.000 € aus eigenem Kapital zu erbringen.

So errechnet sich der Leverage-Effekt (die Eigenkapitalrendite) aus der Miete und dem investierten Eigenkapital.
(5.000 € : 10.000 €) x 100 – 50 %

Vorteile Eigennutzung oder Kapitalanlage

1. Unabhängig davon, ob Sie die Wohnung zur Eigennutzung oder als Kapitalanlage nutzen, dient Ihnen eine Immobilie als Sicherheit bei der Bank. So ist es beispielsweise möglich, bei einer Folgefinanzierung - z.B. beim Kauf einer zweiten Immobilie - die bereits erworbene Immobilie als

Sicherheit heranzuziehen und zu beleihen. Das ist jedoch nur dann möglich, wenn der Wert der Immobilie, welche Sie bereits besitzen, eine zweite Beleihung zulässt. Gegebenenfalls kann eine eigene Immobilie auch als Sicherheit bei dem Erwerb eines Kredits oder Konsumentenkredits (Autokredit, Urlaub oder Gründerkredit) aufgeführt werden.

2. Eine Immobilie ist immer auch eine Altersvorsorge. Bei sinkenden Renten und steigenden Kosten im Alter bieten Immobilien eine gute Sicherheit. So sorgt eine Immobilie als Kapitalanlage für passives Einkommen und kann damit die Rente aufbessern. Ein abbezahltes Haus oder eine Wohnung zur Eigennutzung kann im Alter eine deutliche Entlastung darstellen.

Musterdokument zum Download

Wie im Vorwort bereits erwähnt, erhalten Sie mit dem Buch einige Musterdokumente. Hierzu beachten Sie bitte das Kapitel „In eigener Sache."

Rentabilitätsrechner

Der Rentabilitätsrechner kalkuliert Ihnen mit der Eingabe der Eckdaten zur Immobilie die voraussichtliche Rendite, die Eigenkapitalrendite, den Cash Flow (Geldzufluss innerhalb eines bestimmten Zeitraums - hier pro Jahr) und den Quadratmeterpreis.

Der Cash Flow zeigt Ihnen an, wieviel Geld von Ihrer eingenommenen Miete am Ende des Jahres als zusätzliches Einkommen verbleibt.

Bitte tragen Sie in die grau hinterlegten Felder die Daten Ihrer Immobilie ein. Wir haben die EXCEL-Berechnung einfach gehalten, damit Sie die Berechnung der einzelnen Daten anhand der hinterlegten Formeln gut nachvollziehen können. Gegebenenfalls können Sie dadurch die Berechnung an Ihre Vorstellung anpassen.

Die perfekte Immobilie finden

Beim Kauf der ersten Immobilie sollten Sie sich viel Zeit für die Auswahl des Objekts nehmen. Wir raten Ihnen, über einen längeren Zeitraum - mindestens 4-6 Monate (je nach Region) - mehrere Objekte zu besichtigen und lange, offene Gespräche mit dem Makler und / oder dem Verkäufer zu führen. Durch den Austausch mit Verkäufern, Maklern, und bei Eigentumswohnungen auch mit den Hausverwaltern, erfahren Sie alles notwendig Wichtige zur Immobilie und bekommen so schnell einen Blick dafür, worauf es ankommt. Nach den ersten Besichtigungsterminen werden Sie schnell eine gewisse Routine für alle relevanten Punkte erlangen.
Bevor Sie sich auf die Suche nach einer Immobilie begeben, sollten Sie ein erstes Beratungsgespräch mit ihrer/einer Bank führen, um ihre Kreditwürdigkeit prüfen zu lassen. Ziel des Termins sollte sein, eine unverbindliche Finanzierungsbestätigung über die maximale Summe, die Sie von der Bank bekommen, zu erhalten.
Die Bank führt dabei eine interne Bewertung Ihres finanziellen Hintergrunds durch und benennt Ihnen

dann die Höchstsumme Ihres künftigen Kredits. Die Banken bewerten bei der Vergabe von Krediten die Einnahmen und Ausgaben des Kreditnehmers zumeist sehr konservativ. Dadurch mussten wir leider schon öfters die Erfahrung machen, dass Käufer sich bei der Einschätzung ihrer finanziellen Leistungsfähigkeit überschätzen. Prüfen Sie daher im Vorfeld Ihre Kreditwürdigkeit, bevor Sie sich für ein Objekt entscheiden, das Ihnen die Bank später nicht finanziert. Beim nächsten (zweiten) Immobilienkauf ist die Bank bereits von Ihrer Zahlungsfähigkeit und Zuverlässigkeit überzeugt und fasst dadurch mehr Vertrauen in eine Finanzierung. Mehr Informationen hierzu im Kapitel Finanzierung.

Tipp: Aus unserer eigenen Erfahrung als Käufer sowie als Immobilienmakler würden wir Ihnen gerne noch einen Tipp geben. Uns ist durchaus bewusst, dass ein Immobilienmakler in Deutschland ein Berufsbild mit schlechtem Standing hat. Leider ist durch die Medien sehr stark geprägt, dass ein Immobilienmakler mit wenig Aufwand viel Geld verdient. Ganz so ist es aber nicht. Der Aufwand für den Verkauf einer Immobilie ist groß. Es erfordert außerdem ein immenses Fachwissen und viel Erfahrung. Auch der Umgang mit unterschiedlichen Persönlichkeiten und Interessen auf Käufer- oder Verkäuferseite sind teilweise nicht zu unterschätzen.

Sehen Sie den Makler nicht als „Gegner“. Ab und

zu müssen wir die Erfahrung machen, dass beim Verkauf einer Immobilie unfreundlich mit Maklern umgegangen wird. Der Immobilienmakler stellt jedoch den ersten Kontakt zwischen Verkäufer und Käufer her. Außerdem wird er dafür bezahlt, dass er beratend zur Seite steht und den Kauf optimal begleitet und abschließt. Ein guter Immobilienmakler kann auch die Interessen des Käufers beim Verkäufer ansprechen und durchsetzen. Er kümmert sich außerdem darum, dass alle Unterlagen für die Bank vorhanden sind und weiß (hoffentlich) bestens über das Objekt Bescheid. Uns ist durchaus bekannt, dass es in der Branche auch schwarze Schafe gibt - wie aber überall. Leider haben wir selbst bereits Erfahrung mit einem weniger guten Makler gemacht, was Ansporn für uns war, diese Tätigkeit noch gewissenhafter durchzuführen und auszuüben als zuvor.

Die Suche nach der richtigen Immobilie

Suchen Sie nach Immobilien in den großen Immobilienportalen wie Immobilienscout24 und Immowelt - dort ist das Angebot groß, und es kommen täglich neue Inserate dazu. Bestenfalls starten Sie in beiden Portalen eine Suchanfrage (mit den passenden Parametern Ihrer Wunschimmobilie). Dann werden Sie stets über neu inserierte Immobilien per E-Mail informiert. Kontaktieren Sie umgehend den Verkäufer oder Makler der Immobilie und fragen

Sie zeitnah nach einem Besichtigungstermin. Ein Immobilienverkauf kann meist sehr schnell erfolgen, und bereits nach dem ersten Termin kann die Immobilie „vom Markt sein.“
Suchen Sie auch auf kleineren Plattformen wie z.B. Facebook Gruppen, Kleinanzeigen, in der Zeitung usw. Hier ist das Angebot von Immobilien allerdings geringer.
Die besten Immobilien sind die, die nicht auf den Markt kommen. Informieren Sie sich bei Freunden, Bekannten und Kollegen, ob sie jemanden kennen, der seine Immobilie gerne verkaufen möchte. Eventuell haben Sie Glück und erhalten so exklusiv die Möglichkeit, eine Immobilie zu erwerben. Sollten Sie guten Kontakt zu einem Immobilienmakler haben, dann informieren Sie diesen über Ihr Kaufinteresse. Als Immobilienmakler hat man die Möglichkeit, ausgewählten Interessenten eine Immobilie anzubieten, bevor diese inseriert wird. Außerdem haben Immobilienmakler auch Objekte, welche aus unterschiedlichen Gründen nicht inseriert werden. Hier gilt das Gleiche. Schauen Sie sich um, und sprechen Sie die Leute auf Ihr Kaufinteresse an.

Selektion der richtigen Immobilie

Wenn sie Immobilienbesitzer und Immobilien-investoren befragen, welches die wichtigsten Parameter beim Immobilienkauf sind, so erhalten Sie meist folgende Antwort: „Lage, Lage, Lage und nochmals Lage.“ Prüfen Sie im Vorfeld, wie die

Preise in den unterschiedlichen Stadtbezirken oder Vorstädten sind. Oft laufen „unsichtbare" Grenzen zwischen Wohngebäuden oder Straßenzügen, die einen großen Sprung im Quadratmeterpreis mit sich bringen.

Legen Sie für Ihre gesuchte Immobilie fest, was Ihnen wichtig ist:

- Lage
- Baujahr; ältere Objekte sind oft günstiger, beinhalten aber eventuell Renovierungsaufwand
- Größe (Wohn-, Nutz- und Grundstücksfläche)
- Preis
- PKW-Stellplatz, Garage, Carport
- Eigener Garten, Gartenanteil (Grundstücksgröße)
- Balkon oder Terrasse

Priorisieren Sie zwischen den Faktoren, was für Sie wirklich wichtig ist und wo Sie flexibel sind. Beachten Sie jedoch, dass die Lage, das Baujahr, der Zustand der Immobilie sowie die Wohnfläche und Grundstücksgröße die höchste Auswirkung auf den Preis haben.

Lage

Vor der Besichtigung sollten Sie die genaue Lage der Immobilie prüfen. Die beste Übersicht hierzu bietet Google Maps. Hier lässt sich mit der Eingabe der Anschrift die Umgebung in kürzester Zeit analysieren.

- Fragestellung hierzu: Wie ist die Mikro- und Makrolage?

- Wo befindet sich der nächste Lebensmittelmarkt mit Vollsortiment?
- Wo ist die nächste Bushaltestelle, U-Bahn-Station, S-Bahn-Station? In welchem Takt fahren die Öffentlichen Verkehrsmittel?
- Wie weit ist der nächste Autobahnanschluss entfernt?
- Wo befindet sich der nächste Allgemeinmediziner und Zahnarzt?
- Welche Schulen und Kindergärten sind im näheren Umkreis?
- Ihr Weg zur Arbeit, zur Familie oder zu Freunden?

Baujahr

Achten Sie bei der Auswahl einer Immobilie stets auf das Baujahr. Sollte es sich um eine „ältere“ Bestandsimmobilie (älter als 30 Jahre) handeln, so prüfen Sie die Bilder sowie die durchgeführten Renovierungs- oder Sanierungsmaßnahmen. Bei der Besichtigung und bei der Abgabe ihres Kaufangebots sollten Sie die notwendigen Sanierungsaufwendungen mit berücksichtigen.

Die lichten Höhen für Wohnräume müssen heute nach den Bauvorschriften mindestens 2,30 m (in Hessen 2,40 m) betragen.

Von 1960 bis heute sind Deckenhöhen meistens zwischen 2.40 m und 2,50 m üblich. In Altbauten findet man häufig sehr hohe Decken, teilweise bis 3,30 m. Ein anderes Extrem sind alte Fachwerk- und auch Bauernhäuser mit Deckenhöhen um 2,20 m.

Wohn- , Nutz- und Grundstücksfläche

Die Wohn-, Nutz- und Grundstücksfläche der Immobilie sind entscheidende Parameter für den Kaufpreis. So ist hier darauf zu achten, über wie viel Wohnfläche das Objekt verfügt, und ob die Aufteilung der Räume vorteilhaft oder eher unvorteilhaft ist. Mehr zur Definition von Wohnfläche folgt im nächsten Kapitel.

Als Nutzfläche kann nicht nur das Kellerabteil oder eine Garage angegeben sein, sondern z.B. auch ein ausbaufähiges Dachgeschoss. Sollte dies der Fall sein, so kann das ein großes Potential für eine Immobilie darstellen. Hier können Sie durch den Ausbau im Dachgeschoss die Wohnfläche erhöhen und damit den Wert Ihrer Immobilie steigern. Wir würden Ihnen jedoch dazu raten, stets in Rücksprache mit einem Architekten derartige Umbauten und Möglichkeiten zu besprechen.

Die Grundstücksfläche stellt ebenfalls einen großen Wertanteil bei der Bewertung und Beleihung einer Immobilie dar. Eine große Grundstücksfläche kann sich sehr positiv auf die Finanzierung der Immobilie auswirken.

Weitere Fragen für einen Kapitalanleger:

- Welche kleinen, mittelständischen und großen Unternehmen befinden sich in der Stadt?
- Wie war die Zuwanderung in den letzten Jahren?
- Wie ist der Altersdurchschnitt?

- Welche städtischen Veränderungen, Erweiterungen der Infrastruktur sowie weiteren Investitionen sind in den nächsten Jahren hier zu erwarten?
- Wirtschaftskraft der Umgebung?
- Kaufkraft, Wirtschaftswachstum, Arbeitslosigkeit und spezifische Faktoren wie Leerstandsquoten, Mietspiegel?

Offene und freundliche Kommunikation

Haben Sie eine passende Immobilie gefunden, dann sollten Sie umgehend den Verkäufer oder Immobilienmakler kontaktieren. Wir raten Ihnen dazu, den ersten Kontakt per Telefon aufzubauen. Sprechen Sie offen über Ihr Interesse an der Immobilie, und stellen Sie Fragen zum Objekt.

Am Telefon lassen sich meist schneller Informationen austauschen und Sympathien wecken. So geht es beim Immobilienkauf oft auch sehr menschlich zu. Ich machte bereits selbst die Erfahrung, dass ich als Kaufinteressent einen Immobilienmakler hatte, den ich sympathisch fand. Andere wiederum berichteten mir auch von etlichen gegenteiligen Erfahrungen.

In der Position als Immobilienmakler sollte man unparteiisch sein und jeden Käufer gleich behandeln.

Erwähnen Sie beim Erstkontakt, dass Sie sich bereits mit der Bank über ihre Kreditwürdigkeit unterhalten haben und eine positive Rückmeldung hierzu vorliegt. Fragen Sie nach einem zeitnahen Besichtigungstermin, und stellen Sie sicher, dass Sie bei den ersten

Interessenten, die die Immobilie besichtigten, dabei sind. Wie bereits erwähnt, kann es bei beliebten Immobilien sehr schnell gehen.

Den Immobilienmakler als Geschäftspartner verstehen:

Als Immobilienmakler arbeitet man auf Provisionsbasis und verdient somit auch nur Gehalt, wenn man erfolgreich verkauft. Aus eigener Erfahrung kann ich Ihnen sagen, dass man viele Wege umsonst geht und viel Arbeit hat ohne Entlohnung. An neue interessante Objekte zum Verkauf zu kommen ist in der aktuellen Marktsituation sehr schwer. Die Vorbereitung und Aufbereitung der Immobilie kann weitere Herausforderungen mit sich bringen. So müssen zum Beispiel Renovierungen am Haus vorgenommen werden, mit Mietern Mietverträge aufgehoben werden und die Eigentümer in ihrer Vorstellung abgeholt beziehungsweise auf dem Boden der Tatsachen gebracht werden. Leider findet viel Arbeit statt bevor der Käufer im Prozess erscheint. Dann einen Käufer zu haben, der an der Provision handeln möchte kann für einen Makler sehr demotivierend und wenig wertschätzend erscheinen. Sie können sich damit auch ins Abseits schließen und das Objekt verlieren. Bitte nicht vergessen der Makler hat die Vollmacht vom Eigentümer das Objekt zu verkaufen. Hier gibt es meist eine hohe Vertrauensbasis. Als Käufer stellen

Sie sich bitte mit beiden Parteien gut. Nur so können Sie am Ende auch gewinnen.

Infos zur Widerrufsbelehrung und Maklervertrag

Ein Immobilienmakler ist seit Dezember 2020 gesetzlich dazu angehalten mit dem Verkäufer sowie dem Käufer eine schriftliche Beauftragung zu fixieren.
Wundern Sie sich daher nicht, falls Sie vor der Besichtigung schon eine Provisionsvereinbarung oder einen Maklerkaufvertrag unterzeichnen oder digital bestätigen müssen. Der Maklervertrag dient zur Beauftragung der Immobilienmakler Dienstleistung und ist gesetzlich vorgeschrieben. Prüfen Sie diese Vereinbarungen oder Verträge und befragen Sie den Immobilienmakler was in dem Vertrag beinhaltet ist. Das Maklerhonorar fällt erst nach erfolgreicher Vermittlung bzw. nach notariellem Verkauf an.

Gesetzesänderung zur Teilung der Maklerprovision

Seit Dezember 2020 gibt es eine gesetzliche Regelung, welche vorgibt, wer beim Kauf oder Verkauf einer Immobilie die entsprechende Maklerprovision zu zahlen hat. In den Jahren vor 2020 gab es diesbezüglich keine konkreten Vorgaben vom Gesetzgeber. Laut dem Beschluss des Bundeskabinetts von CDU/CSU und SPD ist die

Provision nun von beiden Parteien, also Käufer und Verkäufer, gleichmäßig zu zahlen. Beide Parteien zahlen 50% der Gesamtsumme. Die Maklerprovision liegt in Deutschland zwischen 3% und 7%. Bei einem Durchschnittswert von 5% und einem beispielhaften Verkaufspreis von 300.000 Euro würde die Vergütung des Maklers bei 15.000 Euro liegen. Demnach würde sowohl der ehemalige also auch der neue Eigentümer 7.500 Euro zahlen.

Gründe für die Änderung

Mithilfe der Gesetzesänderung wird in erster Linie die Funktion des Maklers als ein gerechter Mittler zwischen dem Käufer und dem Verkäufer einer Immobilie gestärkt. Der Makler gilt als eine faire Zwischenperson, welche beide Seiten gleichberechtigt vertritt und unterstützt. Außerdem soll das neue Gesetz dazu beitragen, das Interesse an der Immobilienbranche bei privaten Käufern zu steigern, in dem sie durch die fair aufgeteilten Kosten entlastet werden. In vielen Bundesländern wurden die Kosten für den Makler bereits vor der neuen Gesetzeslage aufgeteilt. In Berlin, Brandenburg, Bremen, Hamburg und Hessen mussten die Käufer jedoch die gesamte Provision bis Dezember 2020 eigenständig zahlen. Der Verkäufer hingegen bezahlte im Gegenzug keine Provision. Dies führte vor allem in Großstädten mit hohen Kaufpreisen zu einer zusätzlichen Belastung des Käufers. In Baden Württemberg war stets eine

Teilung der Provision zwischen Käufer und Verkäufer üblich und ist somit nichts Neues.

Der Makler wird zu Beginn von einer Partei beauftragt und führt diese dann mit der zweiten Partei zum Vertragsabschluss zusammen. Käufer und Verkäufer unterschreiben den Maklervertrag bzw. die Honorarbestätigung und bestätigen damit die gleichmäßige Kostenteilung. Auf dieser Grundlage kann eine gerechte und kompetente Beratung stattfinden, sodass beide Parteien am Ende profitieren. Für den Makler bedeutet dies keinen Unterschied. Er erhält den gleichen Betrag, unabhängig davon, ob Käufer, Verkäufer oder beide Seiten anteilsmäßig für die Provision aufkommen.

Die Gesetztesänderung bezieht sich jedoch nur auf die klassischen Verbraucher bzw. Käufer die zur Eigennutzung kaufen. Mehrfamilienhäuser oder Gewerbeimmobilien sind davon somit nicht betroffen. Hier kann der Immobilienmakler auf beiden Seiten seine Provision frei verhandeln. Somit gibt es im Bereich Immobilie als Kapitalanlage keine Provisionsteilung. In ihrem Fall müssten Sie sich hierzu nochmal informieren.

Neben der Datenschutzerklärung liegt dem Käufer Maklervertrag oder der Provisionsbestätigung auch die Widerrufsbelehrung bei.

Da die Widerrufsbelehrung immer wieder Fragen bei unseren Kunden aufwirft möchten wir das hiermit das Thema nochmals tiefer legen.
In der EU-Verbraucherrechterichtlinie sind die Fernabsatzverträge geregelt. Diese Verträge kennzeichnen sich durch das Zustandekommen via E-Mails, Briefwechsel, Internet, Telefax oder Telefonate. Durch die EU-Verbraucherrechterichtlinie sind Immobilienmakler verpflichtet, ihre Kunden über das Widerrufsrecht zu belehren.
Meldet sich ein Kaufinteressent per E-Mail, telefonisch oder über ein Immobilienportal auf ein Immobilienangebot beim Makler, so nimmt der Verbraucher bereits ein konkretes Angebot zur Immobilienvermittlung an. Hierdurch entsteht ein Maklervertrag. Der Maklervertrag ist für den Interessenten jedoch nicht mit Kosten verbunden. Erst beim Zustandekommen eines Kauf- oder Mietvertrages wird eine Courtage bzw. Provision fällig. So regelt es das Bürgerliche Gesetzbuch
§§ 652-656 (BGB).
Durch die Widerrufsbelehrung wird der Verbraucher aufgeklärt, dass ein Maklervertrag zustande gekommen ist und ihm ein 14-tägiges Widerrufsrecht zusteht. Die Widerrufsfrist beginnt ab dem Tag des Vertragsabschlusses.
Das Maklergeschäft ist in der Regel schnell, so dass schlecht umsetzbar ist, die 14-tägige Widerrufsfrist abzuwarten und mit der Vermittlungstätigkeit erst nach zwei Wochen zu beginnen. Um bereits bei Anfrage eines Kaufinteressenten oder nach Vertragsabschluss mit dem Verkäufer mit der Dienstleistung beginnen zu können, ist es notwendig,

dass der Kunde eine ausdrückliche Erklärung abgibt, dass der Makler bereits vor Ablauf der Widerrufsfrist mit seiner Leistung beginnen kann. Besteht der Interessent oder Verkäufer auf seinem Widerrufsrecht, so kann der Makler erst nach 14 Tagen mit seiner Vermittlungstätigkeit beginnen.

Zur Besichtigung

Sollte der Termin für die erste Besichtigung feststehen, so raten wir Ihnen, pünktlich zum vereinbarten Zeitpunkt zu erscheinen. Der erste Eindruck zählt, und Sie sind damit auf dem besten Weg, als vertrauenswürdiger Kaufinteressent wahrgenommen zu werden. Lassen Sie sich vom Verkäufer oder Immobilienmakler die Wohnung in Ruhe zeigen, und hören Sie aufmerksam zu. Aufgrund der vielen Einflüsse ist es oft schwer, alle Details der Immobilie zu prüfen und sich parallel mit dem Verkäufer zu unterhalten. Versuchen Sie daher, den Verkäufer sprechen zu lassen und erst wenn dieser mit dem aktuellen Thema fertig ist in den nächsten Raum überzugehen oder Fragen zu stellen. Damit stellen Sie sicher, dass der Verkäufer Ihnen die wichtigen Informationen mitteilt und Sie nicht abgelenkt sind. Das hört sich zunächst banal an. Aber wir sehen es regelmäßig, wie Interessenten eine Wohnung besichtigen und „unaufmerksam“ zuhören oder diese begutachten. Lassen Sie sich bei der Besichtigung nicht von kleinen Schönheitsfehlern verunsichern oder ablenken. Ob frisch tapeziert oder gestrichen, oder ob ein neuer Boden gelegt wird, stellt beim Kauf einer Immobilie unserer Meinung nach keinen Grund gegen eine Kaufentscheidung dar. Auf der anderen Seite sollten Sie sich nicht von einer schönen Ausstattung blenden lassen. Im Fall einer bewohnten Immobilie müssen Sie die Gegenstände des Mieters oder Eigentümers ausblenden. Sofern sie die Immobilie möbliert kaufen, achten Sie jedoch auch auf die Möbel.

Bei der Besichtigung der Räumlichkeiten sollten Sie es nicht versäumen, die Zimmer auch auf Feuchtigkeit hin zu überprüfen. Sofern Verfärbungen an den Wänden oder Decken zu sehen sind, befragen Sie den Verkäufer dazu. Prüfen Sie auch den Keller. Ist ein fauler oder übler Geruch feststellbar, bedeutet es dass evtl. Feuchtigkeitsschäden vorhanden sind. Schauen Sie dann besonders kritisch hin, und fragen Sie hierzu den Makler oder Eigentümer.
Fokussieren Sie sich auf die wichtigen Themen:

- Wird die Einbauküche mitverkauft?
- In welchem Zustand befindet sich diese?
- Sind alle Elektrogeräte funktionstüchtig?
- In welchem Zustand sind die Fenster und Rollläden?
- Funktionieren die Heizkörper?
- Aus welchem Jahr ist die Heizung und funktioniert diese zuverlässig?
- Wann wurde die Heizung zuletzt gewartet?
- Ist das Badezimmer und/oder WC zu renovieren?
- Wie alt sind die Wasserleitungen?
- Wie alt ist die Elektrik, sind die Elektroleitungen schon dreiadrig?

- Sind FI-Schutzschalter im Sicherungskasten vorhanden? FI-Schutzschalter verhindern Fehler- ströme und tragen zur Reduzierung lebensgefährlicher Stromunfälle bei.
- Wie ist der Zustand des Daches?
- Wie gut ist die Wärmedämmung unterhalb des Daches, der Gebäudehülle oder der Kellerdecke
- Ist der Energieausweis noch gültig (das bedeutet nicht älter als 10 Jahre)? Sind die vorgeschlagenen energetische Maßnahmen im Energieausweis mittlerweile umgesetzt oder geplant?
- Gibt es einen Mehrheitseigner?

Beim Kauf einer Wohnung sind Sie abhängig von anderen Miteigentümern, wenn es sich um Renovierungen, bauliche Veränderungen oder die Abrechnung des gesamten Wohngebäudes handelt. Themen, welche außerhalb Ihres Wohneigentums oder von Ihrem Wohneigentum Einfluss auf das Wohn- gebäude haben, müssen in der Eigentümergemein- schaft besprochen und definiert werden. So können Sie nicht in Eigenregie Änderungen am Wohngebäude vornehmen ohne die Zustimmung der anderen Eigentümer. Kritisch sehen wir hier einen Mehr- heitseigentümer, der mehrere Wohnungen in einem Wohngebäude besitzt (schlimmstenfalls mehr als 50 %). Häufig ist dies der Fall, wenn Firmen ihr Kapital investieren. So kann es sein, dass eine Firma als Mehrheitseigener an einem Wohnobjekt kein Interesse daran hat, dieses zu modernisieren, sondern lediglich die Instandhaltung mitträgt.

Nehmen Sie diesen Fragenkatalog für sich als Checkliste zum Besichtigungstermin mit. Zusätzlich sollten Sie sich vor der Besichtigung Gedanken über die Immobilie machen und eine Auflistung der zu prüfenden spezifischen Fragen zum Objekt anfertigen.

Tipp: Protokollieren Sie die erhaltenen Informationen vom Eigentümer oder Immobilienmakler sowie den Besichtigungstermin und die Teilnehmer der Besichtigung. Noch offene Renovierungsarbeiten sollten klar definiert und zeitlich festgelegt werden.
Im optimalen Fall lassen Sie alle Parteien das Protokoll unterzeichnen und fügen Sie es später dem Kaufvertrag beim Notar bei. Sollte es bei der Übergabe oder im Nachgang zu Streitigkeiten kommen, kann das Protokoll hilfreich sein.

Musterdokument zum Download

Als Download zum Kapitel können Sie sich die Dokumente Objektdaten und Fragenkatalog zur Besichtigung herunterladen. Mit Hilfe der beiden Dokumente können Sie alle relevanten Themen rund um die Immobilie notieren. Das Immobiliendatenblatt beinhaltet alle Eigenschaften der Immobilie und der Fragebogen dient Ihnen als Hilfsmittel für die

Gespräche mit dem Verkäufer oder dem Immobilienmakler.

Unterlagen zur Immobilie

Eine Vielzahl von Dokumenten und Schriftstücken sollten für den Kauf einer Immobilie unbedingt eingesehen werden. Außerdem möchte das finanzierende Kreditinstitut einige der unten aufgeführten Unterlagen einsehen. Anbei eine kurze Übersicht zu den relevanten Dokumenten sowie deren Inhalt:

Grundbuchauszug

Im Grundbuchauszug findet man die Bezeichnung der Grundstücke und die Grundstücksgröße. Es sind die Eigentümer und Eigentumsverhältnisse vermerkt. Weiter finden sie hier die Lasten und Beschränkungen sowie die Grundschulden, die Hypotheken und evtl. Rentenschulden.

Der Nachweis aus dem Grundbucheintrag sollte nicht älter als drei Monate sein, da sich die oben aufgeführten Punkte in der Zeit davor geändert haben könnten.

Kompletter Satz Baupläne

(Grundschnitte und Gebäudeansichten, Wohnflächenberechnung und Berechnung des umbauten Raums bzw. Bruttorauminhalts und Baubeschreibung)

Vor dem Bau des Objektes werden im Baugesuch die Details zur Bauausführung festgelegt. Hierzu sollten ein schriftlicher Teil mit detaillierter Beschreibung sowie Zeichnungen vorliegen.
Die Baupläne umfassen alle Grundschnitte der einzelnen Stockwerke inklusive Keller und einem Gebäudeschnitt sowie Ansichtspläne aus allen vier Himmelsrichtungen.
Die Wohnflächenberechnung und die Berechnung des umbauten Raums sind ebenfalls Teil des Baugesuchs/Bauantrags bzw. der Baugenehmigung. Bei Um- oder Ausbauten, bei denen ein Bauplan bzw. Bauantrag gestellt werden muss, werden diese Berechnungen vom Architekten erweitert, und diese sind für eine spätere Wertermittlung von großer Bedeutung. Diese Baugenehmigung sollte zu den ursprünglichen Bauplänen genommen werden, damit sie immer sofort greifbar ist.
Der Nachweis für den Bruttorauminhalt (BRI), früher auch umbauter Raum genannt, ist für die Ermittlung des Beleihungswertes von Häusern wichtig.
Anhand der Wohnflächenberechnung kann die Wohnfläche nachgewiesen werden. Gelegentlich nehmen es Verkäufer nicht so genau mit der Wohnfläche und runden großzügig auf. Die Wohnfläche ist jedoch ein wichtiger Parameter für den Wert einer Immobilie und sollte daher wie in den Plänen aufgeführt ausgewiesen werden.
Die Grundrisspläne dienen zur Übersicht der Raumaufteilung. Außerdem sind alle wichtigen Maße enthalten. Bei Bauträger- oder Fertighausfirmen sind oft zusätzliche Bau- und Ausstattungsbeschreibungen

in ausführlicher Form vorhanden. Hier kann insbesondere bei älteren Häusern Näheres zu verwendeten Baustoffen in Erfahrung gebracht werden. So wurden in den 1970er Jahren vermehrt krebserregende Fassadenplatten oder andere nicht mehr zugelassene Baustoffe verbaut.

Tipp: Achten Sie darauf, wie sich die Wohnfläche zusammensetzt. Wir haben hierzu schon einiges erlebt. Nutzflächen wurde zur Wohnfläche hinzugezählt, der Balkon zu 100 % als Wohnfläche angerechnet, Ausbaupotenziale im Dachgeschoss sind bereits Wohnfläche etc. Ebenso bei der Vermietung. Hier kommt es immer wieder vor, dass ein Spitzboden oder sogar Kellerräume zu Wohnzwecken angerechnet und vermietet werden.

Anbei ein Auszug aus der Wohnflächenverordnung - WoFlV §2, Zur Wohnfläche gehörende Grundflächen ("Wohnflächenverordnung vom 25. November 2003 (BGBl. I S. 2346)"):

1. Die Wohnfläche einer Wohnung umfasst die Grundflächen der Räume, die ausschließlich zu dieser Wohnung gehören. Die Wohnfläche eines Wohnheims umfasst die Grundflächen der Räume, die zur alleinigen und gemeinschaftlichen Nutzung durch die Bewohner bestimmt sind.
2. Zur Wohnfläche gehören auch die Grundflächen von

2.1. Wintergärten, Schwimmbädern und ähnlichen nach allen Seiten geschlossenen Räumen sowie
2.2. Balkonen, Loggien, Dachgärten und Terrassen, wenn sie ausschließlich zu der Wohnung oder dem Wohnheim gehören.

3. Zur Wohnfläche gehören nicht die Grundflächen folgender Räume:
3.1. Zubehörräume, insbesondere: Kellerräume, Abstellräume und Kellerersatzräume außerhalb der Wohnung, Waschküchen, Bodenräume, Trockenräume, Heizungsräume und Garagen,
3.2. Räume, die nicht den an ihre Nutzung zu stellenden Anforderungen des Bauordnungsrechts der Länder genügen, sowie

4. Geschäftsräume.

Lageplan

Im Lageplan ist die Immobilie, die Garage, der Schuppen usw. in das betreffende Flurstück eingezeichnet, Maßstab 1:500. Hier lässt sich die Grenze des Grundstücks zu den Nachbarobjekten prüfen. Außerdem ist das Baufenster und andere Details eingezeichnet.

Baulastenverzeichnis

Dies wird in Baden-Württemberg bei der Baubehörde geführt. Hier kann nach bestehenden Baulasten wie Überfahrtsrechten usw. gefragt werden.

Betriebskosten

Aufstellung, z.B. über Energiekosten, Steuern und Versicherungen usw.

Energieausweis

Der Energieausweis stellt den Nachweis für die energetischen Eigenschaften des Gebäudes nach Vorgabe der Energieeinsparverordnung (EnEV) dar. Die Immobilie wird je nach Energieverbrauch in eine Energieklasse A-F kategorisiert.

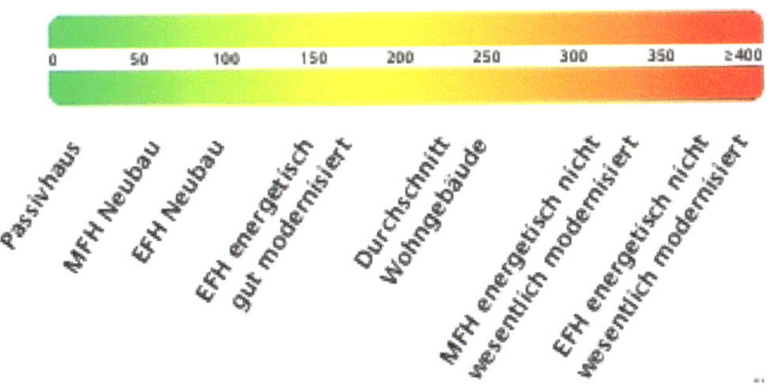

Die Klasse A steht hier für ein Passivhaus und es reicht bis Klasse F für ein Einfamilienhaus, welches nicht energetisch modernisiert ist.

Je nach Art und Alter der Immobilie gibt es zwei Varianten von Energieausweisen - den Bedarfsausweis und den Verbrauchsausweis.

Der Bedarfsausweis wird vom Energieberater auf Basis der verbauten Materialien, des Grundschnitts und umbauten Raums sowie nach Alter und Zustand der Immobilie erstellt.

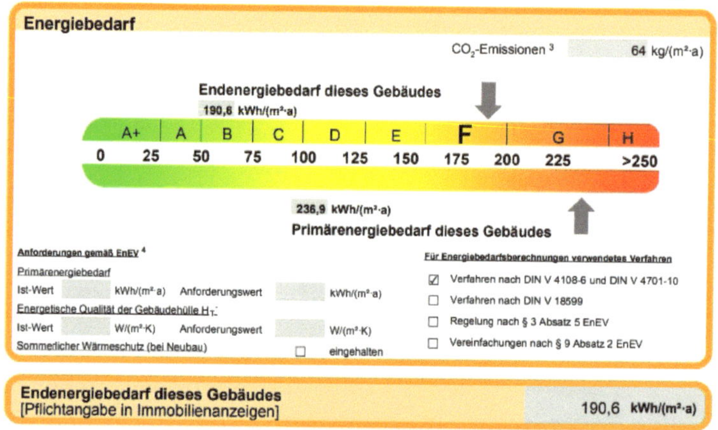

Energiebedarf

CO_2-Emissionen [3] 64 kg/(m²·a)

Endenergiebedarf dieses Gebäudes
190,6 kWh/(m²·a)

A+ | A | B | C | D | E | F | G | H

0 25 50 75 100 125 150 175 200 225 >250

236,9 kWh/(m²·a)
Primärenergiebedarf dieses Gebäudes

Anforderungen gemäß EnEV [4]

Primärenergiebedarf

Ist-Wert kWh/(m²·a) Anforderungswert kWh/(m²·a)

Energetische Qualität der Gebäudehülle H_T:

Ist-Wert W/(m²·K) Anforderungswert W/(m²·K)

Sommerlicher Wärmeschutz (bei Neubau) ☐ eingehalten

Für Energiebedarfsberechnungen verwendetes Verfahren

☑ Verfahren nach DIN V 4108-6 und DIN V 4701-10
☐ Verfahren nach DIN V 18599
☐ Regelung nach § 3 Absatz 5 EnEV
☐ Vereinfachungen nach § 9 Absatz 2 EnEV

Endenergiebedarf dieses Gebäudes
[Pflichtangabe in Immobilienanzeigen] 190,6 kWh/(m²·a)

Der Verbrauchsausweis richtet sich nach dem Heizungs- und Wasserverbrauch der Bewohner in den letzten drei Jahren. Da jeder Bewohner einen unterschiedlichen Verbrauch hat, ist die Einordnung in eine Energieklasse daher nur bedingt aussagekräftig. Dieser Nachweis wird aber als Anhaltspunkt herangezogen.

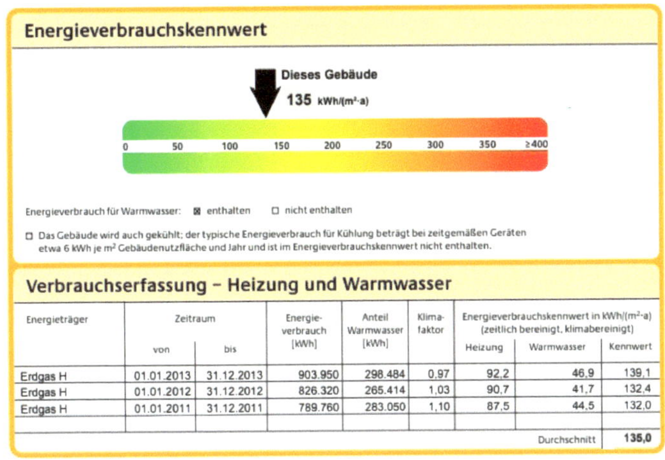

Energieverbrauchskennwert

Energieverbrauch für Warmwasser: ☒ enthalten ☐ nicht enthalten

☐ Das Gebäude wird auch gekühlt; der typische Energieverbrauch für Kühlung beträgt bei zeitgemäßen Geräten etwa 6 kWh je m² Gebäudenutzfläche und Jahr und ist im Energieverbrauchskennwert nicht enthalten.

Verbrauchserfassung – Heizung und Warmwasser

Energieträger	Zeitraum		Energie-verbrauch [kWh]	Anteil Warmwasser [kWh]	Klima-faktor	Energieverbrauchskennwert in kWh/(m²·a) (zeitlich bereinigt, klimabereinigt)		
	von	bis				Heizung	Warmwasser	Kennwert
Erdgas H	01.01.2013	31.12.2013	903.950	298.484	0,97	92,2	46,9	139,1
Erdgas H	01.01.2012	31.12.2012	826.320	265.414	1,03	90,7	41,7	132,4
Erdgas H	01.01.2011	31.12.2011	789.760	283.050	1,10	87,5	44,5	132,0
							Durchschnitt	**135,0**

Die Erstellung des Energieausweises kann durch den Schornsteinfeger oder Energieberater (bestimmte Personen mit einer hierfür erforderlichen Qualifikation) durchgeführt werden. Der Ausweis hat eine Gültigkeit von zehn Jahren. Im Energieausweis werden des Weiteren Empfehlungen (vom Aussteller) zur kostengünstigen energetischen Sanierung der Immobilie aufgeführt. Bitte diese Seite prüfen, welche Sanierungen (z.B. Dachsanierung, Fenster usw.) aufgeführt sind.

Nachweis über Wohngebäudeversicherung

Die Wohngebäudeversicherung ist für Haus- und Wohnungseigentümer keine gesetzliche Pflicht.
Der Abschluss bzw. Nachweis einer Wohngebäudeversicherung wird aber dann zur Pflicht, wenn eine

Immobilie gekauft oder gebaut werden soll und hierzu eine Finanzierung benötigt wird. Hier schreibt das finanzierende Kreditinstitut eine Wohngebäudeversicherung zwingend vor.
Einen bestehenden Versicherungsschutz vom bisherigen Eigentümer können Sie prüfen und übernehmen oder innerhalb von vier Wochen nach Eigentumsübergang auch kündigen. Sie haben dann die Möglichkeit, eine neue Wohngebäudeversicherung selbst abzuschließen.

Bei Eigentumswohnungen sind zusätzlich folgende Unterlagen notwendig:

Hausverwaltervertrag

Im Hausverwaltervertrag sind Rechte und Pflichten des Hausverwalters sowie die Kosten der Verwaltung aufgeführt. Hier ist auch geregelt, wie der Hausverwalter mit Gemeinschaftseigentum sowie Sondereigentum verfährt.

Tipp: Wir haben bereits die Erfahrung gemacht, dass z.B. bei einem Duplex-Stellplatz die Fahrbleche (der Boden, auf dem der PKW steht) Gemeinschaftseigentum sind und die gesamte Konstruktion inkl. der Hydraulik Sondereigentum. Das heißt, dass die Hausverwaltung nur für das Gemeinschaftseigentum zuständig ist. Für die

Hydraulikanlage des Duplex-Stellplatzes ist der Eigentümer verantwortlich. Er muss sich um Schäden und Reparaturen selbst kümmern und auch alles selbst bezahlen.

Miet- oder Pachtvertrag

Beim Kauf einer aktuell vermieteten Immobilie sollten Sie Einblick in den Mietvertrag erhalten. Das ist erforderlich, da Sie als Käufer in den Vertrag als neuer Eigentümer eintreten und daher über die vertraglichen Inhalte informiert sein sollten.
Laut BGB §566 ist der Eigentümerübergang einer vermieteten Wohnung folgendermaßen geklärt: Der Käufer tritt anstelle des Eigentümers in den vorhandenen/unterzeichneten Mietvertrag ein. Somit übernimmt der neue Eigentümer alle Rechte und Pflichten aus dem bestehenden Mietverhältnis. Ein neuer Mietvertrag ist nicht notwendig. Wichtig bei der Übergabe der Wohnung ist die Übertragung der hinterlegten Kaution des Mieters an den neuen Eigentümer.

Falls Sie mit Blick auf eine Kapitalanlage kaufen:
Die Höhe der Miete sollte mit dem aktuellen Mietspiegel der Region übereinstimmen. Eine deutlich zu niedrige Miete (bspw. durch einen langjährigen Mietvertrag) sollten Sie in den nächsten Jahren sukzessive anpassen.

Die Miete kann nur erhöht werden, falls die letzten zwölf Monate keine Mieterhöhung stattgefunden hat und die Miete innerhalb der letzten drei Jahre nicht um über 20 Prozent erhöht wurde.

Falls Sie die Wohnung zur Eigennutzung kaufen: Handelt es sich um einen befristeten Mietvertrag, oder wird auf die gesetzlichen Fristen verwiesen?

Die gesetzlichen Kündigungsfristen richten sich nach der Mietdauer:

- 0-5 Jahre Mietdauer: 3 Monate Kündigungsfrist
- 5-8 Jahre Mietdauer: 6 Monate Kündigungsfrist
- ab 8 Jahren Mietdauer: 9 Monate Kündigungsfrist

Die Kündigung eines Mietvertrages mit der Erklärung Eigenbedarf ist nach Eigentumsübergang (Eintragung im Grundbuch) möglich. Als neuer Besitzer müssen Sie in der Kündigung des Mietvertrages den Hintergrund der Kündigung erläutern. Das könnte beispielsweise mit einer geringeren Entfernung bei Fahrten zur Arbeitsstelle oder einem größeren Wohnraumbedarf bei Familienzuwachs begründet werden. Es ist jedoch zu beachten, dass ein Mieter mit Berufung auf die Sozialklausel (z.B. Alter, Schwangerschaft) die Kündigung anfechten kann. Aus eigener Erfahrung würde ich Ihnen raten, einen Fachmann beziehungsweise einen Anwalt zur Begründung des Eigenbedarfs zu beauftragen. Mehr Informationen zum Thema Vermietung finden Sie im Kapitel "Vermietung".

Teilungserklärung

In der Teilungserklärung ist vermerkt, wie das Eigentum am Objekt und Grundstück in Miteigentumsanteile aufgeteilt ist. Außerdem ist hier das Sondereigentum von einzelnen Wohnungen und/oder nicht zu Wohnzwecken dienenden Räumen erläutert. Hiermit wird das Wohnungs- und/oder Teileigentum begründet.

Des Weiteren ist in der Teilungserklärung die Festlegung von Sondereigentum und Gemeinschaftseigentum definiert.

Tipp: Diese Abgrenzung ist wichtig da alles, was zum Sondereigentum gehört und auch beschrieben ist, von den Eigentümern auf eigene Kosten renoviert, repariert oder erneuert werden muss.

Hingegen ist es beim Gemeinschaftseigentum meist so, dass hier eine Hausverwaltung nach dem Wohnungseigentumsgesetz dafür zuständig ist. Die Hausverwaltung sorgt auf Grund ihres Verwalter-vertrages für Renovierung oder Erneuerung. Die Kosten werden den Rücklagen, die die Eigentümer an die Hausverwaltung zum Unterhalt zahlen, entnommen.

Protokolle zur Eigentümerversammlung

Beim Kauf einer Immobilie sollten Sie die Protokolle der Eigentümerversammlungen der letzten drei Jahre einsehen.

In diesen Protokollen befinden sich die gefassten Beschlüsse aus den Eigentümerversammlungen nach § 24 Abs. 6 Satz 1 Wohnungseigentumsgesetz. Mit den Beschlüssen werden Entscheidungen zu Reparaturen, Sanierungen, baulichen Veränderungen, Instandhaltungsrücklagen usw. für das Gemeinschaftseigentum beschlossen.

Tipp: In den Protokollen können auch Vermerke über Ruhestörungen durch laute Bewohner oder andere Probleme aufgeführt sein. Informieren Sie sich hier beim Makler oder Verkäufer, wo diese Probleme oder Ruhestörungen im Objekt stattfinden. Sie selbst müssen dann für sich entscheiden, ob das für Sie ein Problem darstellt.
Seit 2007 ist es für Hausverwaltungen Pflicht, eine Beschlusssammlung zu führen bzw. diese zu erstellen. Hier lassen sich alle relevanten Beschlüsse zur Immobilie einfach und übersichtlich nachlesen. Befragen Sie hierzu Makler oder Verkäufer. Die Beschlusssammlung kann bei der Hausverwaltung angefordert oder eingesehen werden.

Wohngeldabrechnungen

In der Gesamtabrechnung sowie der Einzelabrechnung der Hausverwaltung sind alle Kosten aufgeführt, welche im Rahmen der Immobilie anfallen. Hier sollten Sie die Entwicklung der Kosten der einzelnen Positionen über die abgelaufenen Wirtschaftsjahre vergleichen. Sollten z.B. die Beiträge für Versicherungen oder die Heizkosten steigen oder extrem schwanken, so kann das beim Makler oder Verkäufer hinterfragt werden.

Rücklagenübersicht

Bei Objekten von Wohnungseigentümergemeinschaften ist es nach der Teilungserklärung verpflichtend, dass jeder Eigentümer der Wohngemeinschaft seinen festgelegten Beitrag zur Rücklagenbildung an die Hausverwaltung bezahlt.

Die Rücklagen werden für kommende, notwendige Instandsetzungsmaßnahmen gebildet.

Hier sollten Sie sich über die aktuelle monatliche Einzahlung informieren. Sind die Einzahlungen außergewöhnlich hoch, hinterfragen Sie die Zahlungen beim Verkäufer. Hier wird gegebenenfalls für eine größere Sanierung angespart.

Des Weiteren sollten Sie sich über den aktuellen Rücklagenstand informieren. Wie hoch sind die aktuellen Rücklagen für das gesamte Wohnhaus und welcher Anteil entfällt auf die betreffende Wohnung. Wichtig ist in diesem Zusammenhang die Frage: Was wurde saniert und was ist in den nächsten Jahren geplant? Sind für Sanierungen Sonderumlagen geplant?

Tipp: Für die zukünftige Instandsetzung der

Wohnung sollten Sie ebenfalls eine Rücklage bilden um anfallende Renovierungen oder Sanierungen in den kommenden Jahren zu decken. So lohnt sich eine Einschätzung des Zustands der Wohnung (Wände, Böden, Küche und Badezimmer). Welche Reparaturen oder Renovierungen könnten in dem nächsten 5-10 Jahre auf uns zukommen. Welchen Betrag müssen Sie zurücklegen, damit Sie die Arbeiten in den nächsten Jahren beauftragen können?

Wirtschaftsplan

Der Wirtschaftsplan dient als Übersicht über die beschlossenen, voraussichtlichen Ausgaben für das laufende Wirtschaftsjahr mit Angabe der monatlichen Vorauszahlungen. Der Wirtschaftsplan sollte sich mit der Gesamtabrechnung des Vorjahres und einer geringen Erhöhung (durch z.B. Inflation) decken.

Musterdokument zum Download

Als Download zum Kapitel können Sie sich das Dokument Checkliste zum Immobilienkauf und -verkauf herunterladen. In dem Dokument sind alle relevanten Unterlagen aufgeführt, welche Sie für den Kauf oder Verkauf einer Immobilie benötigen.

Abgabe Kaufangebot

Nach der Besichtigung und der Durchsicht aller relevanten Unterlagen haben Sie hoffentlich die richtige Immobilie für sich gefunden. Der Verkäufer oder Immobilienmakler der Immobilie erwartet nach der Besichtigung Ihr Kaufangebot. Melden Sie sich 1-2 Tage nach der Besichtigung bei dem Veräußerer und geben Sie Ihr Kaufangebot zum Objekt ab. Sollten Sie z.B. durch eine notwendige Renovierung der Immobilie Ihr Kaufangebot unter dem Angebotspreis aussprechen, so begründen Sie diese Reduzierung des Kaufpreises. Mit ihrer Rückmeldung kann der Verkäufer den Preis gegebenenfalls nachvollziehen, eventuell hat er bei Besichtigungen schon mehrfach von anderen Interessenten diese Renovierungsmaßnahme/n genannt bekommen. Bleiben Sie jedoch realistisch bei der Abgabe Ihres Kaufangebots. Gerade in Ballungsräumen werden Immobilien des Öfteren zum Angebotspreis oder sogar darüber verkauft.

Tipp: Wie bereits mehrfach erwähnt, muss man bei interessanten und gesuchten Immobilien meistens schnell handeln. Wenn Sie ein Objekt für sich gefunden haben und Ihre Entscheidung zum Kauf feststeht, überschlagen Sie den Kaufpreis mit den Nebenkosten und Renovierungsaufwendungen und entscheiden Sie sich für oder gegen die Immobilie. Seien Sie entschlossen und verbindlich gegenüber dem Verkäufer. Wir als Immobilienmakler machen häufig die Erfahrung, dass sich Kaufinteressenten nicht entscheiden können. Hier kommt dann meist ein anderer Käufer zum Zug.

Tipp: Sollten Sie ein Objekt kaufen wollen, bei dem Sie bemerken, dass es viele Kaufinteressenten und viele Besichtigungen gibt rate ich Ihnen dazu eine Art Bewerbungsmappe dem Makler beziehungsweise den Verkäufer zusenden.
Ich habe selbst schon die Erfahrung gemacht, dass ich nach einer Vielzahl von Besichtigung nicht mehr alle Käufer zuordnen konnte. Daher machen Sie ein kurzes Bewerbungsschreiben mit einem Bild von Ihnen, bedanken Sie sich für die Besichtigung, stellen Sie nochmal kurz vor und verbinden Sie das "Bewerbungsschreiben" mit einem Kaufangebot.
Gehen Sie auf das Objekt ein und warum es zu Ihnen passt. Ich habe schon Formulierungen erhalten wie z.B. wir sehen den Leon und die Kathi schon im Garten spielen.
Hiermit bekommt das Ganze noch eine persönliche emotionale Ebene. Zum Beispiel gibt der Eigentümer sein Elternhaus gerne auch in gute Hände. Manchmal liegt es nicht nur am höchsten Preis.

Kaufprozess

Sind Sie sich mit dem Veräußerer über den Preis und den Übergabezeitpunkt einig geworden, so startet der eigentliche Kaufprozess.
Einige Immobilienmakler nehmen eine Reservierung der Immobilie für den potentiellen Käufer vor. Der Hintergrund hierzu ist, dass der Makler alle drei Parteien absichern möchte, bevor es in die Organisation des Notartermins geht.

Die Reservierung beinhaltet:

- Der Makler stellt alle weiteren Verkaufsaktivitäten ein und vereinbart einen Notartermin.
- Der Käufer beabsichtigt das Objekt für den Preis über XY € zu erwerben.
- Dem Käufer liegt eine unverbindliche Finanzierungsbestätigung vor (siehe unten)
- Der Käufer hinterlegt eine Reservierungsgebühr (die sich mit der Maklerprovision verrechnet).

Zur Vorbereitung des Kaufvertragsentwurfs sollten Sie von der Bank eine unverbindliche Finanzierungsbestätigung erhalten. Die unverbindliche Finanzierungsbestätigung beinhaltet eine Zustimmung von der Bank, dass Sie mit höchster Wahrscheinlichkeit eine Finanzierung über die Summe XY € erhalten. Den Kaufvertragsentwurf erhalten Sie anschließend vom Notar (siehe hierzu Kapitel “Notarieller Kauf”). Die Bank erstellt Ihnen mit dem Kaufvertragsentwurf eine verbindliche Finanzierungsbestätigung und einen

Darlehensvertrag. Im optimalen Fall nehmen Sie die Unterzeichnung des Darlehensvertrages vor dem Notartermin wahr. Des Öfteren benötigt die Bank einige Zeit, um den Darlehnsvertrag intern freizugeben. Nach dem notariellen Kauf und der Bestellung der Grundschuld sendet der Notar den Kaufvertrag an das Grundbuchamt mit der Anfrage zur Eintragung des Eigentümerwechsels. Das Grundbuchamt nimmt hierzu eine Auflassungs-vormerkung vor (dies benötigt etwa vier Wochen). Die Auflassungsvormerkung beinhaltet die vertragliche Einigung zwischen Verkäufer und Käufer zum Erwerb der Immobilie zu den Bedingungen aus dem Kaufvertrag. Die vollständige Zahlung des Kaufpreises ist damit von der Bank des Käufers an den Verkäufer zu entrichten. Mit Zahlung wird die Auflassungsvormerkung gelöscht und die Übergabe der Immobilie kann durchgeführt werden. Hier ist zu beachten, dass die Tätigkeit des Immobilienmaklers nach dem notariellen Verkauf erfolgreich abgeschlossen ist. Die Übergabe muss - falls vorher nicht anders besprochen - zwischen dem Verkäufer und Käufer organisiert und durchgeführt werden.
Zur Übergabe ist ein Übergabeprotokoll zu erstellen, welches die aktuellen Zählerstände von Wasser, Heizung und Strom beinhaltet. Diese Zählerstände sind bei einer Wohnung der Hausverwaltung oder im Falle eines Hauses den Energieversorgern zu benennen. Hier muss eine Trennung der Abrechnung vorgenommen werden, damit Sie nur den von Ihnen verursachten Verbrauch bezahlen müssen. Am Zustand der Immobilie sollte sich hoffentlich nichts zum Negativen entwickelt haben. Falls doch, so ist

das unbedingt im Übergabeprotokoll zu dokumentieren. Für Schäden, die bis zur Übergabe der Immobilie entstanden sind (die Übergabe erfolgt unmittelbar nach der Kaufpreiszahlung), ist der Verkäufer verantwortlich.

Die Finanzierung

Vor jedem Immobilienkauf stellt sich die Frage nach der Immobilienfinanzierung. Unabhängig davon, ob Sie eine Bestandsimmobilie kaufen oder ein Haus bauen möchten, benötigen Sie Kapital von einem Kreditinstitut und müssen die richtigen Argumente liefern, die Ihre Kreditwürdigkeit und die Rentabilität der Finanzierung belegen.

Wir beantworten Ihnen hier die wichtigsten Fragen zur Zusammenarbeit mit der Bank und geben wichtige Tipps, wie Sie unter verschiedenen Finanzierungsangeboten das für Sie passende herausfinden können.

Finanzierungsangebote einholen

Parallel zur Haus-, Wohnungs- oder Grundstückssuche sollten Sie bereits Kontakte mit den Banken knüpfen, um unnötige Verzögerungen zu verhindern. Denn gerade in begehrten Wohnlagen müssen Sie schnell reagieren können, damit Ihnen nicht ein anderer Käufer zuvorkommt. Bevor Sie sich jedoch erste Finanzierungsangebote einholen, müssen Sie eine Finanzierungssumme festlegen.

Vor der Kontaktaufnahme mit der Bank sollten Sie Ihr eigenes Budget kennen.

Je konkreter Ihre Anfrage bei der Bank ist, desto besser. Es soll sich nicht um eine einfache mündliche Auskunft handeln, sondern um eine konkrete Anfrage, um auch ein konkretes, schriftliches Angebot (optimal wäre eine unverbindliche Finanzierungsbestätigung) zu erhalten. Daher sollten Sie bei Ihrer Finanzierungsanfrage die Darlehenssumme benennen, die Sie bei der Bank aufnehmen wollen und welche monatliche Belastung für Sie tragbar ist.
Sie sollten sich nur so viel Geld von der Bank leihen, wie Sie „stressfrei" auch wieder zurückzahlen können. Je mehr Einkommen und Sicherheiten Sie haben, desto besser. Eine Faustregel lautet: Die monatlichen Zinsen, die Tilgung und die Nebenkosten des Hauses sollten maximal 45 Prozent Ihres monatlichen Nettoeinkommens ausmachen. Stellen Sie penibel alle Haushaltsausgaben zusammen und ermitteln Sie, welcher Betrag Ihnen für die Immobilienfinanzierung anschließend noch zur Verfügung steht, um den maximalen Kaufpreis zu ermitteln. Von dieser Restsumme ermitteln Sie maximal 45%. Legen Sie den gewünschten Zeitraum der Finanzierung fest, ziehen Sie das mitgebrachte Eigenkapital ab und planen Sie Sollzins und Tilgung in die Ratenzahlung mit ein. Am Ende haben Sie dadurch Ihre persönliche Finanzierungssumme ermittelt.

Tipp: Planen Sie bei der Festlegung der Finanzierungssumme immer auch die laufenden Kosten ein, die ein Haus oder eine Wohnung verursacht. Angefangen bei notwendigen

Kleinreparaturen bis hin zur kompletten Neuinstallation einer veralteten oder defekten Heiztechnik.

Finanzierungsangebote vergleichen

Viele Käufer machen den Fehler, nur mit ihrer Hausbank über die Immobilienfinanzierung zu sprechen. Holen Sie gleich mehrere Finanzierungsangebote von unterschiedlichen Kreditinstituten ein, um diese miteinander zu vergleichen. Die Konkurrenz unter den Kreditinstituten ist groß und dadurch ist es gut möglich, dass sich erhebliche Unterschiede in den Finanzierungsangeboten ergeben. Es gibt keinen Anbieter, der pauschal immer günstiger ist als der andere. Die Preise und Zinssätze variieren bei jeder Finanzierungsanfrage in Abhängigkeit von den Sicherheiten, dem aktuellen Zinssatz und auch der Rentabilität des Objektes, das finanziert werden soll. Mit dem Vergleich von Kreditangeboten können Sie viel Geld sparen.

Wenn Sie verschiedene Finanzierungsangebote vorliegen haben, sollten Sie nicht nur die Zinsen und die Tilgung miteinander vergleichen.

Die Angebote unterscheiden sich auch in anderen Punkten wie beispielsweise:

- Möglichkeiten der Sondertilgung ohne Aufpreise
- Wechsel des Tilgungssatzes
- Flexibilität in den Laufzeiten
- Kundenfreundliche Darlehensbedingungen
- Kombinationen mit Bausparverträgen, Lebens- versicherungen u.a.

Tipp: Legen Sie der Bank alle notwendigen Unterlagen zeitnah vor. Sind sie sich nicht sicher, welche Unterlagen die Bank benötigt, so fragen Sie bei der sachbearbeitenden Bank nach. Die Banken haben eine Checkliste, welche Unterlagen für eine Finanzierung benötigt werden. Stellen Sie dann der Bank schnellstmöglich alle Informationen und Unterlagen zur Verfügung. Hinsichtlich der Zusammenarbeit mit der Bank müssen Sie vertrauensvoll und verantwortungsbewusst agieren, denn schließlich handelt es sich meistens um eine hohe Kreditsumme. Und ohne die Bank ist der Kauf womöglich nicht umsetzbar.

Tipp: Um sich von der Konkurrenz abzusetzen, werben viele Banken mit niedrigen Zinsen und Sonderkonditionen. Sie sollten aber niemals ungeprüft diesen Werbeangeboten vertrauen. In der Regel gibt es dazu immer das „Kleingedruckte“, so dass sich diese Angebote relativieren und am Ende erheblich vom eigentlichen Versprechen, das suggeriert wird, abweichen. Ein Werbeangebot hat nur einen pauschalen Aussagewert, der nichts mit Ihrer konkreten Finanzierungssituation zu tun hat.

Tipp: Es besteht heutzutage die Möglichkeit, sich auf unkompliziertem Wege online erste Finanzierungsangebote einzuholen. Diese Option sollten Sie nutzen, um einen ersten Eindruck über die Konditionen der jeweiligen Bank zu erhalten. Mit den Banken, die in die nähere Auswahl kommen, vereinbaren Sie dann am besten ein Finanzierungsgespräch. Sollten Sie einen Termin bei der Bank haben, ohne sich vorher Angebote eingeholt zu haben, so fehlt Ihnen am Ende eine Vergleichsbasis. Es gehört zur Vorbereitung jedes Finanzierungsgespräches, dass Sie sich bereits einen Marktüberblick verschafft haben.

Ihre Immobilienfinanzierung!

Eine Immobilienfinanzierung ist eine wichtige Zäsur im Leben. Dabei geht es nicht nur darum, mit allen

Mitteln eine Finanzierungszusage zu erhalten, sondern auch darum, eigene Interessen oder Wünsche zu verwirklichen und den für Sie passenden Kredit zu finden. Dabei gibt es wie immer keine pauschale Lösung, die zu jedem Kreditnehmer passt. Anbei finden Sie sechs Faktoren, die bei der Immobilienfinanzierung für die meisten Kreditnehmer relevant sind.

1. Zinssatz

Die Finanzierungsangebote seitens der Bank unterscheiden sich in erster Linie durch ihre Zinssätze. Es gibt zwischen den einzelnen Kreditinstituten erhebliche Unterschiede. Meistens sind die Zinssätze bei Direktbanken günstiger als bei den Hausbanken. Dafür gibt es dann aber auch weniger Leistungen und weniger Service.

2. Zinsbindung

Es gibt zwei verschiedene Arten von Darlehen – mit und ohne Zinsbindung. Bei Krediten mit einer festen Zinsbindung bleibt der Zinssatz während der gesamten Finanzierungsdauer konstant – dafür wird allerdings auch ein Aufschlag seitens der Bank fällig. Das bietet Planungssicherheit auf beiden Seiten. Der Sollzins ist dabei immer unabhängig von den Entwicklungen des Geldmarktes. Besonders sinnvoll ist so eine Zinsbindung dann, wenn sich der Zinssatz bei Abschluss des Finanzierungsvertrages auf einem niedrigen Niveau befindet. Darlehen mit einer kurzen

Zinsbindung sind aber meistens günstiger. Am Ende ist es immer eine individuelle Abwägung, welches Modell für den Einzelnen das richtige ist.
Lassen Sie sich vom Berater verschiedene Modellrechnungen zur besseren Entscheidung vorlegen und erklären.

3. Restschuld

Nach Ablauf der Zinsbindung wird der noch offene Betrag als Restschuld bezeichnet. Diese Restschuld kann entweder über eine Anschlussfinanzierung bei der gleichen Bank getilgt werden, oder es wird eine Umschuldung verhandelt. Je kürzer die Laufzeit des Vertrages und je kleiner der Tilgungssatz, desto höher ist meist am Ende die Restschuld.

4. Sondertilgungen

Gesonderte Zahlungen außerhalb der monatlichen Rate sind eine gute Möglichkeit, den Kredit schneller abzuzahlen als geplant. Wenn Sie beispielsweise überraschend erben oder einfach eine größere Summe Geld zur Verfügung haben, die Sie für die Abzahlung des Kredites nutzen möchten, dann sind dazu Sondertilgungen am besten geeignet. Die Bank hat kein großes Interesse an Sondertilgungen, da sie den Kredit dann frühzeitiger beenden als geplant. Daher erheben viele Banken höhere Zinssätze oder Gebühren, wenn Sondertilgungen ohne Vereinbarung durchgeführt werden. Wenn eine Bank kostenlose

Sondertilgungen anbietet, dann ist das für die meisten Kreditnehmer ein attraktives Angebot.

5. Tilgungswechsel

In der Regel wird bei jeder Immobilienfinanzierung eine feste Tilgung in Höhe von mindestens 1% festgelegt. Mittlerweile gibt es aber auch Angebote auf dem Markt, bei denen die Tilgungshöhe einmalig oder sogar mehrfach verändert und auf die aktuellen Bedürfnisse angepasst werden kann. Auch die Möglichkeit eines Tilgungswechsels ist für viele Kreditnehmer bei der Auswahl des Kreditangebotes relevant.

6. Flexible Laufzeiten

Bei flexiblen Immobilienkrediten können Darlehensnehmer die monatlich anfallenden Raten jederzeit erhöhen oder senken. So, wie es gerade in die aktuelle Finanzsituation passt. Da man oft nicht voraussehen kann, wie die finanzielle Situation in fünf, zehn oder zwanzig Jahren aussieht, ist unter Umständen eine flexible Laufzeit attraktiv. Es ist auch möglich, die Ratensumme - beispielsweise nach einer Gehaltserhöhung - anzupassen. Heute sind solche flexiblen Kreditverträge kaum noch wesentlich teurer als starre Verträge.

Risikoarme Finanzierung und Restschuldfalle

Vielen Darlehensnehmern ist es wichtig, ihre Immobilie möglichst solide und risikoarm zu finanzieren. Dabei sollte die anfängliche Euphorie über niedrige Zinsen und Tilgungsraten noch einmal überdacht werden. Denn bei besonders günstigen Konditionen droht am Ende die Restschuldfalle. Da sich die Zinssätze aktuell auf einem sehr niedrigen Niveau befinden, laufen viele Darlehensnehmer Gefahr, in die Restschuldfalle zu geraten. Denn die niedrigen Zinsen sind nicht dauerhaft garantiert und bei der Anschlussfinanzierung kommt dann zumeist der Schock. Denn nach Ablauf der Zinsbindung werden die Konditionen neu verhandelt. Ist zu erwarten, dass die Zinsen im Anschluss erheblich höher ausfallen werden, sollten Sie das an den Zinsen gesparte Geld idealerweise in eine höhere Tilgung investieren. Ziel sollte sein, nach Ablauf der Zinsbindung eine möglichst geringe Restschuld zu haben. Wenn Sie auf Sicherheit setzen wollen, dann vereinbaren Sie eine möglichst lange Zinsbindung und nehmen die von den Banken dafür erhobenen Aufschläge in Kauf. Eine lange Zinsbindung bedeutet eine gewisse Absicherung und kostet einen gewissen Aufschlag, insbesondere zu Zeiten, in denen die Zinsen auf einem historischen Tief sind.

Welche Interessen hat die Bank?

Die Bank hat am Ende nur ein Interesse: Das geliehene Geld samt Zinsen zurückzubekommen. Daher prüft sie im Vorfeld genau, ob jemand kreditwürdig ist. Dabei geben verschiedene Faktoren den Ausschlag, ob eine Kreditwürdigkeit bestätigt wird. Jeder Antragsteller muss bestimmte Voraussetzungen erfüllen, damit ihm ein Finanzierungsangebot unterbreitet wird.

Alter des Kreditnehmers

Das Alter spielt eine entscheidende Rolle bei der Immobilienfinanzierung. Der Antragsteller muss mindestens 18 Jahre sein, wobei in diesem Alter meist noch nicht ausreichend Sicherheiten vorhanden sind, die die Vergabe einer hohen Finanzierungssumme rechtfertigen. Auf der anderen Seite darf sich der Kreditnehmer für eine über 30 Jahre laufende Finanzierung nicht schon in fortgeschrittenem Alter befinden. Das Alter des Kreditnehmers steht immer in direktem Zusammenhang mit der Laufzeit eines Kredites. Wer eine Finanzierung über eine Laufzeit von 30 Jahren abschließen möchte, sollte nicht kurz vor dem Renteneintritt stehen. Einem solchen Ansinnen wird das betreffende Kreditinstitut ablehnend gegenüberstehen.

Hinweis: Im März 2016 trat die „EU-Richtlinie zur Vergabe von Immobilienkrediten“ in Kraft. Seitdem müssen die Banken bei der Vergabe eines Kredites sehr genau prüfen, ob der Kreditnehmer in der Lage sein wird, den Kredit zurückzuzahlen. Wenn es bei sehr langen Kreditlaufzeiten aus Altersgründen immer unwahrscheinlicher wird, dass der Kreditnehmer das Ende der Laufzeit noch erleben wird, dann ist die Immobilienfinanzierung zu riskant und wird von den Instituten abgelehnt.

Fester Wohnsitz in Deutschland

In Spanien wohnen und in Deutschland einen Finanzierungskredit abschließen? Das ist in der Regel nicht möglich. Kredite werden innerhalb Deutschlands nur an Personen vergeben, die auch hier einen festen Wohnsitz haben. Dies müssen Sie der Bank natürlich auch mit Ihrem Personalausweis und Ihrer Meldebescheinigung bestätigen können.

Deutsche Bankverbindung

Wenn Sie die Finanzierung nicht mit Ihrer Hausbank abschließen, so sollten Sie ein Konto bei einer anderen deutschen Bank nachweisen können. Die Bank wird die Kreditsumme nicht auf eine ausländische Bank überweisen. Außerdem wird diese Bankverbindung auch benötigt, um von dem betreffenden Konto die monatlichen Raten abzubuchen.

Bonität

Eine ausreichende Bonität gehört zu den Hauptkriterien, die eine Bank bei der Kreditvergabe prüft. Sie entscheidet darüber, ob ein Kreditnehmer kreditwürdig ist. Die Bonität ist für die Bank ein wichtiger Hinweis darauf, wie hoch die Chancen sind, dass die Rückzahlung seitens des Antragstellers auch vollständig erfolgt. Wie die Bank Ihre Kreditwürdigkeit ermittelt, lesen Sie in einem separaten Abschnitt.

Regelmäßiges Einkommen

Eigenkapital und die beste Immobilie nützen nichts, wenn kein Geld nachfließt. Daher hat die Bank ein großes Interesse daran, dass der Antragsteller ein regelmäßiges Einkommen nachweisen kann. Nur wer ein solides und sicheres regelmäßiges Einkommen erzielt, wird von der Bank überhaupt als kreditwürdig eingestuft. Für Angestellte, die seit zehn Jahren in einem Unternehmen fest angestellt sind, ist dieser Nachweise vergleichsweise einfach. Selbstständige haben es da meist schwerer, weil sie - zumindest aus der Perspektive der Bank - einem höheren Risiko ausgesetzt sind. Auch bei Rentnern wird die Rente als regelmäßiges Einkommen akzeptiert. Der Beamtenstatus gilt als besonders sicher.

Wer freiberuflich oder selbstständig arbeitet, der muss sehr detailliert nachweisen, welche Einkünfte er erzielt. Dies geschieht einerseits durch die Einkommenssteuernachweise aus den vergangenen Jahren sowie die betriebswirtschaftlichen Auswertungen. Daraus kann die Bank die Geschäftsentwicklung erkennen, die idealerweise positiv oder zumindest stabil ist. Da aus Sicht der Bank bei

Selbstständigen immer noch ein erhöhtes Risiko besteht, müssen Selbstständige meistens auch höhere Zinsen zahlen.
Banken scheuen grundsätzlich das Risiko. Sie schätzen immer das Kosten-Risiko-Verhältnis ab. Daher ist es umso wichtiger, dass Sie mit Ihrem Einkommen und den Ausgaben genau planen. Es sollte immer ausreichend finanzieller Spielraum vorhanden sein.

Tipp: Sie können durch regelmäßige Einkünfte aus Vermietung oder Verpachtung Ihr Einkommen erhöhen und so das Risiko gegenüber der Bank verringern.

Kreditsicherheiten

Die Bank hat ein großes Interesse an Kreditsicherheiten, die neben einem regelmäßigen Einkommen nachgewiesen werden müssen. Zu diesen Sicherheiten können bereits vorhandene Immobilien sowie Lebensversicherungen oder Berufsunfähigkeitsversicherungen gehören. Sollten derartige Sicherheiten nicht bestehen, kann auch ein zweiter Kreditnehmer oder ein Bürge als Kreditsicherheit dienen.

Eigenkapital

Es gibt eine einfache Grundregel bei der Immobilienfinanzierung: Je mehr Eigenkapital Sie zur Verfügung haben, desto höher ist die Chance der Kreditvergabe und desto besser werden auch die Konditionen sein. Die meisten Banken verlangen vom Kreditnehmer ein Eigenkapital in Höhe von mindestens 10 Prozent der benötigten Kreditsumme.

Dingliche Sicherheiten

Hilfreich kann es sein, wenn Sie alle zur Verfügung stehenden Sicherheiten zusammenstellen und der Bank damit Argumente für Ihre Kreditwürdigkeit liefern können. Auch andere Sachwerte wie ein teures Auto, Grundstücke oder Ferienwohnungen können als dingliche Sicherheit dienen und damit Ihre Verhandlungsposition verbessern. Wenn Sie beispielsweise eine bewegliche Sache wie ein Motorrad oder ein Auto als Sicherheit anbieten, auf das die Bank im Ernstfall zurückgreifen kann, so spricht man von einer Sicherungsübereignung. Bei festen Sachwerten dient meist die Hypothek oder die Grundschuld als Sicherheit. Auch Wertpapiere oder Sparguthaben sind dingliche Sicherheiten.

Persönliche Sicherheiten

Persönliche Sicherheiten können beispielsweise Lebensversicherungen sein. Alternativ ist es auch sinnvoll, einen Bürgen oder Mitantragsteller zu

finden, um das Risiko für die Bank zu minimieren. Der Bürge oder der Mitantragsteller muss natürlich auch ein entsprechendes Einkommen und eine positive Bonität nachweisen können, damit die Bank ihn in dieser Rolle akzeptiert.
In der Praxis wird meist mit einer selbstschuldnerischen Bürgschaft gearbeitet. Die Bank kann den Bürgen dabei bereits frühzeitig belangen, noch bevor die Zahlungsunfähigkeit des Kreditnehmers gerichtlich festgestellt wurde. Der Mitantragsteller wird dagegen sofort mit der Vertragsunterschrift zum Schuldner.

Förderkredite

In einigen Fällen ist es möglich, die Chancen auf die Kreditvergabe durch Förderkredite zu erhöhen. Existenzgründer bekommen beispielsweise Förderkredite bei der staatlichen KfW-Bank. Das macht auch insofern Sinn, da die KfW-Kredite immer in Zusammenarbeit mit einer Bank oder einer Sparkasse vergeben werden. Die KfW entlastet die Partnerbank, bei der Sie dann idealerweise die Immobilienfinanzierung beantragt haben, mit einer 80 - prozentigen Haftungsfreistellung.

Wert des Objektes

Der Wert des zu finanzierenden Objekts ist auch ein weiterer wichtiger Faktor, der sich positiv auf die Verhandlungen mit der Bank auswirken kann. Ist das zu kaufende Objekt aus Sicht der Bank rentabel bzw. hat es auch den ausgeschriebenen Wert, dann gibt es aus deren Sicht bei der Immobilienfinanzierung immer einen sicheren Gegenwert. Auch Grundstücke in Bestlagen, die garantiert auch in den kommenden Jahren zum gleichen oder höheren Preis wieder verkauft werden könnten, sind leichter finanzierbar als Immobilien, die sich nicht in Top-Lagen befinden.

Schufa Score

Der Schufa-Score gehört zu den wichtigsten Faktoren, die die Chancen für eine gute Immobilienfinanzierung positiv beeinflussen. Er gewährt den Banken einen Blick in die Vergangenheit und ist Indikator dafür, mit welcher Wahrscheinlichkeit Sie die Ratenverpflichtungen zukünftig erfüllen werden. Zur Ermittlung der Bonität eines Kreditnehmers können Banken mehrere Auskunfteien befragen. Dazu gehören üblicherweise die Creditreform oder die Schufa. Eine Schufa-Abfrage wird in aller Regel immer gestellt, weil die Schufa den Banken einen wertvollen Hinweis über die Zahlungsmoral des Kreditnehmers gibt. Die Schufa sammelt alle Verbraucherdaten, auch wann Telefon- und Kreditverträge abgeschlossen wurden, und ob der Verbraucher seinen Abzahlungsverpflichtungen nachgekommen ist.

Entscheidend für die Bank ist der Scoring-Wert. Dieser wird von der Schufa anhand der bisherigen Daten und der gemeldeten Merkmale erfasst. Ein hoher Scoring-Wert bedeutet eine hohe Sicherheit für die Bank.

Tipp: Schufa-Scoring überprüfen

Auf Ihr Schufa-Scoring können Sie selbst nur bedingt Einfluss nehmen. Sie haben aber die Möglichkeit, Einsicht in Ihre Daten zu nehmen und sie auf ihre Korrektheit hin zu überprüfen. Es kann beispielsweise vorkommen, dass ein längst bezahlter Autokredit noch immer als ausstehend bei der Schufa gespeichert ist, da ein Finanzier vergessen hat, den Eintrag als bezahlt zu markieren. In diesem Fall können Sie mit der Schufa und dem damaligen Kreditgeber Kontakt aufnehmen und um Berichtigung bitten.

Tipp: Schufa-Auskunft einholen

Natürlich können Sie diesen Arbeitsschritt auch der Bank überlassen. Allerdings kann sich die Erteilung der Schufa-Auskunft durch die Bank am Ende nachteilig auf Ihr Scoring auswirken. Hintergrund ist, dass sich auch allein Anfragen negativ auf Ihre Bewertung auswirken können. Bereits drei Anfragen oder gar mehr bei der Auskunftei können Ihren Scoring-Wert absenken. Daher macht es Sinn, dass Sie sich eigenständig eine Selbstauskunft einholen. Einige Internetseiten bieten den Dienst gegen Bezahlung an - obwohl er eigentlich kostenlos von der Schufa angeboten wird. Aber

Achtung: Seit dem 1. April 2010 ist die Schufa per Gesetz dazu verpflichtet, jedem Antragsteller einmal jährlich auf Nachfrage eine kostenlose Schufa-Selbstauskunft zu erteilen.

Eigennutzung oder Kapitalanlage

Kreditgeber bevorzugen es, wenn die zu finanzierende Immobilie im Anschluss selbst bewohnt wird. Kaufen Sie das Objekt für die Vermietung, so besteht ein höheres Risiko, denn es kann zu Mietausfällen kommen. Die Bank hat keinen Einfluss auf die Auswahl der Mieter und kann daher auch das Risiko wegen Mietausfall nicht steuern.
Bei einem erfahrenen Kapitalanleger kann das jedoch ganz anders aussehen. Haben Sie bereits einige Immobilien mit der Bank finanziert und gut vermietet bzw. gewinnbringend veräußert, sind viele Banken daran interessiert, Sie als Kunden zu halten und bieten hierfür gute Kreditkonditionen an.

Musterdokument zum Download

Zu dem Kapitel erhalten Sie ein Musterdokument zur Gegenüberstellung Ihrer Einnahmen und Ausgaben (wie z.B. bei einem Haushaltsbuch). Mit Hilfe des Tools können Sie Ihre mögliche Finanzierungsrate berechnen. Hierbei ist jedoch zu beachten, dass die Banken die Finanzierungsrate sehr konservativ und vorsichtig kalkulieren. Daher dient Ihnen das Tool lediglich zur groben Orientierung.

Des Weiteren gibt es noch einen Finanzierungsrechner, mit dem Sie Finanzierungsangebote mit einer Zinsbindung von 10 und 20 Jahren vergleichen können. Hierzu tragen Sie in die grau hinterlegten Felder die Parameter Ihrer Finanzierung ein. Bei der Auswertung der Ergebnisse sollten Sie nach unten scrollen und berücksichtigen, welche Restschuld am Ende der Finanzierung noch vorhanden ist.

Notarieller Kauf

Nach der Besichtigung der Immobilie, der Überprüfung aller relevanten Unterlagen und nach Erhalt der unverbindlichen Finanzierungsbestätigung Ihrer Bank kann die Vorbereitung des Notartermins starten. Hierzu kontaktieren Sie einen Notar und bitten um einen Termin zur Beurkundung eines Verkaufs. Sie sollten sich vorab über den Notar hinsichtlich dessen Arbeitsweise informieren. Hier gibt es deutliche Unterschiede: Worauf hat ein Notar seinen Schwerpunkt gelegt? Wie ist er zeitlich verfügbar bzw. wann ist der nächste Notartermin möglich? Wie umfänglich und verständlich erläutert der Notar den Kaufvertrag beiden Parteien? Sollten Sie sich für einen Notar entschieden haben, benötigt dieser Informationen zum Käufer, Verkäufer sowie zum Objekt. Notare haben zur Erfassung der Kaufvertragsdaten meist vorgedruckte Blätter, die auszufüllen und vereinzelt auch zu unterschreiben sind.

Hieraus erfolgt die Erstellung des Kaufvertragsentwurfs. Mit dem Kaufvertragsentwurf können Sie bei Ihrer Bank eine verbindliche Finanzierungsbestätigung anfragen (siehe hierzu auch Kapitel “Die richtige Immobilie finden - Kaufprozess“).

Inhalt des Kaufvertrages

Im Folgenden erhalten Sie eine Übersicht, welche Punkte in Ihrem Kaufvertrag beinhaltet sein sollten:

1. Persönliche Angaben: Name, Geburtsdatum, Anschrift von Käufer und Verkäufer.
2. Bezeichnung des Kaufobjekts inklusive beweglicher Gegenstände wie z.B. Einbauküche, Möbel, Lampen oder Brennstoffvorräte, die vom Käufer übernommen werden.
3. Die Löschung bzw. Übernahme einer eventuell bestehenden Grundschuld sollte im Kaufvertrag geregelt werden. Hierzu wird der Notar beratend tätig. Im Normalfall ist es so, dass Grundschulden des Verkäufers gelöscht werden. Dies kann im Verkaufsprozess mit dem bearbeitenden Notar vereinbart werden. Sollte aber ein Kredit beim Verkauf noch nicht zurückgezahlt sein, so kann bei besonders zinsgünstigen Darlehen darüber gesprochen werden, diese Grundschuld und den Kredit mit zu übernehmen. Hierzu muss aber die betreffende Bank immer die Zustimmung erteilen.
4. Der Kaufpreis der Immobilie.
5. Die Festlegung zur Kaufpreiszahlung und Kaufpreisfälligkeit.
6. Der Besitzübergang als der Zeitpunkt, an dem die Immobilie wirtschaftlich auf den Käufer übergeht und er sie als Eigentümer nutzen kann. Die vorherige Kaufpreiszahlung ist dafür notwendig. Abhängig ist das jedoch von der Eintragung der Auflassungsvormerkung (siehe hierzu auch Kapitel "Die richtige Immobilie finden - Kaufprozess"). Ist die

Auflassungsvormerkung noch nicht im Grundbuch eingetragen und die Kaufpreiszahlung nicht erfolgt, kann auch keine Besitzübergabe stattfinden, unabhängig davon, welches Datum im Kaufvertrag steht. Das Datum im Kaufvertrag stellt lediglich eine mögliche "Frist" dar.

Im Anschluss an den Kaufvertrag erfolgt die Bestellung der Grundschuld für die finanzierende Bank. Hierzu hat die Bank dem Käufer oder direkt dem Notar den Antrag zur Eintragung der Grundschuld zugesandt. Diese muss ebenfalls vom Käufer unterzeichnet und mit dem Kaufvertrag durch den Notar an das Grundbuchamt übermittelt werden.

Tipp: Die nach dem Kauf zu zahlende Grunderwerbsteuer bezieht sich auf den Kaufpreis der Immobilie, alle beweglichen Gegenstände, sprich die Ausstattung, werden vom Kaufpreis abgezogen. Im Vorfeld sollten Sie das jedoch mit der Bank besprechen. Einige Banken möchten die Ausstattung nicht im Kaufvertrag aufgeführt haben, da sie eine Immobilie finanzieren und keine Einbauküche oder Möbelstücke. Hintergrund hierzu ist, dass die Beleihung der Immobilie durch die Bank geringer ausfällt.

Tipp: Die Zahlung der Wohngebäudeversicherung und der Grundsteuer sind in der notariellen

Beurkundung nicht geregelt. Hier kommt es auf den Zeitpunkt der Immobilienübergabe an. Ist die Übergabe der Immobilie zum Jahreswechsel, so lassen sich die Zahlung der Grundsteuer sowie die Kosten für die Versicherung einfach klären. Findet die Übergabe unter dem Jahr statt, so müssen Sie mit dem Verkäufer eine Einigung zur anteiligen Bezahlung treffen. Die Grundsteuer wird in einem Jahresbetrag festgelegt und meistens auch so bezahlt. Anteilig ist dann dieser Jahresbetrag ab Eigentumsübergang aufzuteilen.

Tipp: Hinsichtlich der Gewährleistung gilt beim Kauf einer Bestandsimmobilie: Gekauft wie gesehen. Wie bereits im Kapitel "Die perfekte Immobilie finden - Besichtigung" erwähnt, sollten Sie ein Besichtigungsprotokoll zum Kauf erstellen. Informationen, welche nicht im Exposé aufgeführt sind, können Sie sich im Kaufvertrag ergänzen lassen. Wenn der Eigentümer zum Beispiel zugesagt hat, dass die Einbauküche zwei Jahre alt ist oder die Fenster vor drei Jahren gewechselt worden sind, dann nehmen Sie das in den Kaufvertrag mit auf. Sie können auch Ihr komplettes Besichtigungsprotokoll an den Kaufvertrag anhängen lassen. Das schafft Transparenz und sorgt dafür, dass bei möglichen „versteckten" Mängeln die Beweislast beim Käufer einfacher darzustellen ist.

Vermietung Ihrer Immobilie

Hinter einer Immobilie steht ein hoher monetärer Wert und es sollte im Interesse jedes Eigentümers liegen, den Wert des Hauses oder der Wohnung zu erhalten oder sogar zu steigern. Bei der Vermietung von Immobilien besteht die große Herausforderung darin, geeignete Mieter für die Vermietung zu finden, die mit Ihrem Eigentum pfleglich umgehen und gleichzeitig dafür zu sorgen, dass Sie das Haus wirtschaftlich betreiben können. Wir haben Ihnen daher an dieser Stelle wichtige Tipps zusammengestellt, worauf Sie bei der Immobilienvermietung achten sollten, wie der Mietvertrag gestaltet werden muss und welche rechtlichen Aspekte zu bedenken sind.

Bevor Sie mit einem Mieter einen Mietvertrag für ein Haus oder eine Wohnung schließen, sollten Sie seinen finanziellen Hintergrund prüfen. Reicht das Haushaltseinkommen aus, um die Monatsmiete zu decken? Lassen Sie sich unbedingt eine aktuelle Schufa-Auskunft zeigen sowie Gehaltsnachweise und eine Mietschuldenfreiheitsbescheinigung vom vorherigen Vermieter. So können Sie sich bei der Vermietung von Immobilien am besten vor Mietausfällen oder Mietbetrügern schützen. Passt alles, dann ist der Mietvertrag die Grundlage für Ihr zukünftiges Vermieter-Mieter-Verhältnis.
Für das Kapitel Vermietung von Immobilien stellen wir Ihnen folgende Dateien zum Download bereit: Mieterauskunft, Übergabeprotokoll und Mietschuldenfreiheitsbescheinigung. Bezüglich eines

Mustermietvertrages können wir Ihnen kein Muster zur Verfügung stellen, da sich hier die rechtlichen Aspekte zu oft ändern. Wir raten Ihnen jedoch, einen Einheitsmietvertrag nach aktuellem Stand zu erwerben. Wir empfehlen den Einheitsmietvertrag von AVERY ZWECKFORM 2850 für Wohnungen und Häuser DIN A4. Sie erhalten ihn im Internet, Online oder in Schreibwarengeschäften. Weitere Punkte hierzu folgen in diesem Kapitel.

Inhalt des Mietvertrages

Bei einem Mietvertrag gibt es Pflichtangaben und optionale Vorgaben. Zur besseren Übersicht haben wir diese getrennt aufgelistet. Diese Aspekte müssen zwingend im Mietvertrag für das Haus oder die Wohnung geregelt werden.

Angaben zum Mieter

Aus dem Mietvertrag muss klar hervorgehen, wer die Immobilie mietet. Jede Person, die mit in das Haus oder die Wohnung einzieht, sollte namentlich im Mietvertrag erfasst werden. Zu den Pflichtangaben gehören der vollständige Name der Person, das Geburtsdatum und die Personalausweisdaten. Alle volljährigen Personen, die im rechtlichen Sinne Mieter der Wohnung werden, müssen den Mietvertrag unterschreiben.

Angaben zum Vermieter

Ebenso wie die Mieter, so muss auch der Vermieter mit allen Angaben im Mietvertrag erfasst sein. Gibt es mehrere Vermieter, dann müssen alle Personen im Vertrag aufgelistet sein und den Mietvertrag am Ende auch unterschreiben.

Angaben zur Lage der Immobilie

Aus dem Mietvertrag muss genau hervorgehen, welche Immobilie vermietet wird. Handelt es sich beispielsweise um eine Wohnung in einem Mehrfamilienhaus, dann muss die Position der Wohnung erfasst werden (z.B. Untergeschoss rechts oder Wohnungsnummer).
Angaben zu den Kosten: Im Mietvertrag müssen die Angaben zur Kaltmiete sowie alle Nebenkosten festgehalten werden. Wichtig ist die Nennung der anfallenden sonstigen Betriebskosten, insbesondere die, die aufgeführt werden müssen, da sonst die Mieter nicht zur Zahlung verpflichtet sind. Gehört beispielsweise noch ein Parkplatz zur vermieteten Immobilie, der extra gezahlt werden muss, ist dieser auch im Mietvertrag gesondert festzuhalten. Auch die Höhe und die Fälligkeit der Kaution sind Bestandteil des Mietvertrages.

Nutzungsmöglichkeiten

Wenn zum Haus beispielsweise Keller, Dachböden oder Gärten gehören, dann müssen die Nutzungsmöglichkeiten im Mietvertrag genau definiert werden.

Wer darf wozu welchen Gemeinschaftsraum nutzen und zu welchen Bedingungen?

Klausel zu Schönheitsreparaturen

Von Zeit zu Zeit ändert sich der rechtliche Rahmen für Schönheitsreparaturen. Als Vermieter sollten Sie auf dem neusten Stand sein und nach aktuellem Rechtsstand eine Schönheitsreparaturklausel in den Mietvertrag einfügen. Nach aktuellem Stand dürfen beispielsweise keine Fristen und Zeitabstände in dieser Klausel enthalten sein.

Art des Mietverhältnisses

Ein wesentlicher Aspekt ist die Art des Mietverhältnisses. Handelt es sich um ein befristetes oder unbefristetes Mietverhältnis? Wird die Wohnung oder das Haus gewerblich oder privat genutzt? Vermieter haben die Möglichkeit, eine Kündigung des Mietvertrages für maximal vier Jahre auszuschließen. Das ist vor allem dann angeraten, wenn der Vermieter vorher einiges in den Umbau oder die Anpassung der Immobilie für die neuen Mieter investieren musste.

Mietanpassung

In einigen Regionen ist es üblich, Staffelmietverträge zu schließen. In diesem Fall muss der Prozentsatz der Steigerung genau im Mietvertrag erfasst sein. Die Erhöhung darf nicht mehr als 20% über der ortsüblichen Vergleichsmiete liegen.

Hausordnung

Wenn Sie eine Wohnung in einem Mehrfamilienhaus vermieten, sollten Sie dem Mietvertrag immer die Hausordnung beifügen. Mit seiner Unterschrift verpflichtet sich der Mieter, sich an die Hausordnung zu halten. Er kann bei Zuwiderhandlungen auch belangt werden. In der Hausordnung können Sie als Vermieter beispielsweise auch auf eine ausreichende Belüftung der Räume hinweisen, um einer Schimmelbildung vorzubeugen.

Tipp: Nutzen Sie für die Vermietung Ihrer Immobilie keine veralteten Vorlagen, die Sie im Internet finden. Sie können sich natürlich Formulierungshilfen suchen, aber prüfen Sie jeden Paragraphen genau, ob er noch zeitgemäß und rechtssicher ist.

Tierhaltung

Die Tierhaltung ist ein viel diskutiertes Thema bei der Immobilienvermietung. Immer wieder kommt es zu Rechtsstreitigkeiten, bei denen mal für den Mieter und dann wieder für den Vermieter entschieden wird. Es ist heute nicht mehr möglich, die Tierhaltung pauschal auszuschließen. Sie können als Vermieter aber im Mietvertrag festhalten, dass die Tierhaltung generell mit dem Vermieter abgestimmt werden muss und dann im Einzelfall entscheiden.

Schönheitsreparaturen

Wenn Sie Ihren Mietvertrag vermieterfreundlich gestalten wollen, dann beinhaltet er die Pflichten zum Umgang mit Schönheitsreparaturen. Halten Sie im Mietvertrag fest, in welchem Zustand die Immobilie an den Mieter übergeben wurde. War sie renoviert oder unrenoviert? Müssen bei Rückgabe an den Eigentümer bzw. beim Auszug Schönheitsreparaturen durchgeführt werden?
Achtung: Alle Klauseln, die starre Fristenpläne enthalten wie beispielsweise „Streichen nach fünf Jahren“, sind unwirksam. Der Mieter muss nur renovieren, wenn es auch tatsächlich erforderlich ist, so urteilte der BGH (Az. VIII ZR 361/03). Dies ist mit einer festen Frist nicht zu vereinen.

Untervermietung

Regeln Sie vorab, ob Sie eine Untervermietung, beispielsweise über das Portal Airbnb erlauben, oder ob Sie den regelmäßigen Aufenthalt fremder Personen in Ihrer Immobilie nicht dulden.

Befristete Mietverträge

Für Vermieter ist es gar nicht mehr so einfach, Zeitmietverträge zu schließen. Sie müssen dafür im schriftlich geschlossenen Mietvertrag einen Grund angeben, z.B. Eigennutzung nach drei Jahren oder umfangreiche Sanierungsmaßnahmen. Es gibt keine zeitliche Obergrenze - Sie können einen Mietvertrag sowohl auf drei als auch auf 20 Jahre befristen. Allerdings liegt die Untergrenze bei einem Jahr. Während der befristeten Vertragslaufzeit kann weder der Mieter noch der Vermieter außerordentlich kündigen. Der Vermietungszeitraum muss auf den Tag genau im Mietvertrag festgehalten werden.

Achtung: Nur wenn der Vermieter schriftlich den Grund für die Befristung mitteilt, ist diese rechtswirksam. Fehlt eine Begründung im Vertrag, gilt er automatisch als unbefristet.

Möblierte Vermietung

Möblierte Wohnungen werden vor allem an Wochenendpendler und Studenten vermietet, die nur für einen begrenzten Zeitraum an einem Ort wohnen möchten. Grundsätzlich gelten für vermieteten Wohnraum die gleichen gesetzlichen Rechte und Pflichten wie für eine unmöblierte Immobilie mit der Ausnahme, dass der Mieter einer möblierten Wohnung eine Kündigungsfrist von nur 4 Wochen hat. Wichtig: Der Begriff „Möblierung" ist kein Rechtsbegriff. Sie müssen im Mietvertrag genau auflisten, welche Einrichtungsgegenstände mit zur Mietsache gehören. Die Einrichtungsgegenstände erhöhen den Nutzwert der Mietsache, wodurch der Vermieter auch mehr Miete verlangen kann. Diese Kosten werden in einem sogenannten „Möblierungszuschlag" festgelegt. Ideal ist die möblierte Vermietung für Immobilien, die nicht in

Traumlagen liegen, so dass ihr Mehrwert hierdurch erhöht wird.

Wohngemeinschaft (WG)-Vermietung

Gerade in Universitätsstädten ist es üblich, Wohnungen an WGs zu vermieten. Im Mietvertrag müssen Sie dazu regeln, ob und wie ein Austausch der Mieter stattfinden kann. Da es häufig zu einem Wechsel kommt, muss im Vertrag geregelt sein, ob es einen Hauptmieter gibt, oder ob alle Mieter gleichberechtigt sind. Des Weiteren muss die Wohnung die Gegebenheiten für eine WG bieten; mehrere Zimmer, gemeinschaftliches Badezimmer und Küche. Die Nebenkosten in Studenten-WGs werden häufig als Pauschale abgerechnet.

Miethöhe

Die Miethöhe richtet sich üblicherweise nach den folgenden Faktoren.

Mietspiegel

Wenn Eigentümer eine Immobilie vermieten, dann können sie den Mietpreis nicht beliebig festlegen. Sie müssen sich am Mietspiegel in ihrer Region orientieren und sich an die sogenannte Mietpreis-bremse halten. Ist die Miete zu hoch veranschlagt, dann hat der Mieter das Recht, die zu viel gezahlte Miete auch rückwirkend zurückzuverlangen.

Mietpreisbremse

Vor allem in Ballungsräumen hat der Gesetzgeber eine Mietpreisbremse etabliert, um exorbitant steigende Mieten zu verhindern. Dort, wo die Mietpreisbremse gilt, bildet die ortsübliche Vergleichsmiete den Maßstab für die Höhe des Mietpreises. In den Groß- städten gibt es dazu sogenannte „qualifizierte Miet- spiegel", an denen sich die Vermieter orientieren müssen. Bei einer Neuvermietung darf der Mietpreis nur maximal 10 Prozent über der ortsüblichen Miete liegen.

Der richtige Mietpreis

Suchen Sie sich zunächst den für Ihre Stadt gültigen Mietspiegel heraus, und gehen Sie dann wie folgt vor: Suchen Sie aus der Tabelle des Mietspiegels die richtigen Werte für Ihre Wohnung heraus. Dazu gehören die Größe der Immobilie und das Baujahr. Da bei kleineren Wohnungen oft höhere Mietpreise anfallen, unterscheiden sich die Quadratmeterpreise nach Wohnungsgröße.

Sonstige Faktoren / Lagezuschlag

Manchmal ist im Mietspiegel ein sogenannter Lagezuschlag erfasst, wenn sich das Objekt in einer besonders begehrten Lage befindet. Im Münchner Mietspiegel sind beispielsweise sechs Wohnlagequalitäten von „einfach" bis „beste Lage" definiert.

Ausstattung

Auch die Ausstattung hat Einfluss auf den Mietpreis. Gibt es beispielsweise besondere Fenster, Bodenbeläge, Türen, Wärme- oder Schallisolierung, so können Vermieter dies auch im Mietvertrag berücksichtigen. In welcher Höhe, das regelt der Mietspiegel.

Haben Sie all diese Faktoren berücksichtigt, ergibt sich daraus am Ende der Mietpreis für Ihre Wohnung.

Wohnungsübergabe

Nach Unterzeichnung des Mietvertrags ist zum Übergabetermin vor Ort ein Protokoll zur Wohnungsübergabe zu erstellen. Das Übergabeprotokoll beinhaltet die aktuellen Zählerstände von Wasser, Heizung und Strom. Diese Zählerstände sind bei einer Wohnung der Hausverwaltung oder bei einem Haus dem Energieversorger zu übermitteln. Es muss eine Trennung der Abrechnung vorgenommen werden, damit Sie nur den von Ihnen verursachten Verbrauch bezahlen. Im Übergabeprotokoll sollte auch der Zustand der Wohnung sowie der der Ausstattung niedergeschrieben werden. Ist bei Durchsicht der Wohnung etwas auffällig geworden, das umgehend vom Vermieter repariert werden muss, so kann dies ebenfalls im Übergabeprotokoll definiert werden. So sollte bei einem tropfenden Wasserhahn zum Beispiel folgendes aufgeschrieben werden: Der Wasserhahn im Badezimmer ist undicht und muss bis spätestens zum 00.00.00 von Herrn Mustermann repariert werden. Der Schaden ist dann vom Vermieter innerhalb der Frist zu beheben, um dem Mieter eine intakte Wohnung zur Verfügung zu stellen. Sowohl Vermieter als auch Mieter sollten ein vertrauensvolles Verhältnis zueinander anstreben.

Airbnb

Lohnt sich eine Vermietung von Immobilien über diesen Anbieter?
Das Internetportal Airbnb ist mittlerweile in aller Munde. Es versteht sich als eine weltweite Plattform zum kurzfristigen mieten und vermieten von Wohnungen. So können Immobilieneigentümer in Großstädten oder beliebten Touristengegenden über kurzfristige Abwesenheit (1-x Wochen) ihre eigene möblierte Wohnung über das Portal Airbnb untervermieten. Längst haben auch Immobilieninvestoren diese Möglichkeit für sich entdeckt. Durch die häufigen Wechsel können in der Regel höhere Mieten erzielt werden als bei einer dauerhaften Vermietung an nur einen Mieter. Allerdings bergen die Nutzung des Portals und die Vermietung auch Nachteile und Risiken in sich.

Darauf müssen Sie als Vermieter achten, wenn Sie Zimmer über Airbnb vermieten:

Wenn Sie Ihre Wohnung regelmäßig per Airbnb vermieten, laufen Sie Gefahr, eine gewerbliche Vermietung zu betreiben. Dies ist in einigen Städten bereits über das sogenannte „Zweckentfremdungsverbot" reguliert. Hierbei ist die Vermietung von Ferienwohnungen nur mit behördlicher Erlaubnis genehmigt. Informieren Sie sich im Voraus, ob die Vermietung über Airbnb in Ihrem Fall möglich ist. Sonst können Sie sich im schlimmsten Fall strafbar machen.

Chancen und Risiken mit Airbnb

Das Risiko besteht für den Vermieter immer darin, dass er sich fremde Personen ins Haus holt, die nicht so gut überprüfbar sind wie bei einer klassischen Vermietung. Sie wissen nur wenig über die Menschen, die zu Ihnen kommen und laufen immer Gefahr, das Haus oder die Wohnung nicht in dem Zustand wiederzufinden, in dem sie es verlassen haben. Probleme können auch dann entstehen, wenn sich der Mieter nicht an dic Hausordnung hält, nachts andere Mieter stört oder Schäden entweder innen oder auch außen am Haus verursacht. Des Weiteren sollten Sie den erhöhten Aufwand hinsichtlich der regelmäßigen Koordination und Kommunikation mit dem kurzfristigen Mieter nicht unterschätzen. So müssen vorab Preis, Zeit und Gegebenheiten der Wohnung mit jedem Mieter definiert werden. Hinzu kommen die Schlüsselübergabe und die Protokollierung der Übergabe vor und nach der Vermietung. Da auch der Mieter eine saubere

Wohnung vorfinden möchte, sollte vor jedem Einzug die Wohnung gereinigt werden.

Mietverwaltungen

Sollten Sie kein Interesse daran haben, Ihre Immobilie selber zu vermieten oder sich um den Vermietungsprozess zu kümmern, so haben Sie die Möglichkeit, eine Mietverwaltung zu beauftragen. Eine Mietverwaltung wird des Öfteren von Hausverwaltungen oder eigens hierfür tätigen Unternehmen angeboten. Im Grundsatz geht es darum, eine geregelte Bewirtschaftung der Wohnungen für Vermieter anzubieten. So übernimmt die Mietverwaltung die Suche nach Mietern, die Wohnungsbesichtigungen, die Prüfung der potentiellen Mieter, die Erstellung des Mietvertrags, die Erstellung der Jahresabrechnung für den Mieter und alles Weitere.
Hierzu müssen Sie als Vermieter einen Vertrag mit dem Mietverwalter abschließen, in dem dessen Aufgaben/Pflichten sowie die Vergütung definiert sind.

Musterdokument zum Download

Als Download zum Kapitel können Sie sich die Dokumente Vorvermieterbescheinigung herunterladen. Das Dokument dient als Nachweis vom vorherigen Vermieter über die Zuverlässigkeit eines Mietbewerbers.

Die Verwaltung Ihrer Immobilie

Als Eigentümer einer Immobilie müssen Sie diese betriebswirtschaftlich verwalten. Hier wird unterschieden in Verwaltung von Immobilien zur Eigennutzung und zur Vermietung.
Bei der Eigennutzung verwalten Sie Ihre Immobilie selbst, außerdem haben sie alle Nebenkosten wie z.B. Strom, Wasser, Heizung usw. zu tragen.
Wenn Sie ein Haus vermieten, muss der Mieter selbst die Nebenkosten (siehe § 2 Betriebskostenverordnung) bezahlen/abrechnen. Die Kosten für Instandhaltung und Instandsetzung sowie für nicht umlegbare Wartungskosten hat der Eigentümer zu übernehmen.
Im Gegensatz hierzu müssen Sie bei der Verwaltung einer vermieteten Wohnung die Abrechnung für Ihren Mieter erstellen und Vorauszahlungen vom Mieter an Gläubiger - wie z.B. Wasserwerke, Stromversorger usw. - weiterreichen. Bei Wohnungseigentümergemeinschaften (WEG) übernimmt diesen Verwaltungsaufwand eine Hausverwaltung. Hierzu müssen an die Hausverwaltung monatlich Vorauszahlungen geleistet werden, mit denen am Ende des Abrechnungsjahres die tatsächlichen Ist-Kosten aufgerechnet werden.

Die Hausverwaltung

Eine Hausverwaltung oder Wohnungseigentumsverwaltung (WEG Verwaltung) befasst sich im deutschen Wohnungseigentumsrecht mit der Verwaltung des gemeinschaftlichen Eigentums. Die

Verwaltung hat nach dem Wohnungseigentumsgesetz (WEG) zu erfolgen. Von der Wohnungseigentümergemeinschaft wird ein Verwalter gesucht und bestellt. Mit ihm wird ein entsprechender Verwaltervertrag abgeschlossen. In diesem Verwaltervertrag sind alle wichtigen Punkte, die seine Aufgaben beschreiben, festgelegt, ebenso auch die Verwaltervergütung. Zum Hausverwaltervertrag finden Sich auch im Kapital Unterlagen zur Immobilie weitere Infos.
Bei den von Hausverwaltern betreuten Objekten handelt es sich um Mehrfamilienhäuser oder Wohnblocks, in denen Wohnungen oder Gewerbeflächen mehreren Eigentümern gehören.
Die Wohnungen oder Gewerbeflächen sind entweder vermietet oder werden vom Eigentümer auch selbst bewohnt oder genutzt.

Verwaltungsbeirat

Ein wichtiger Bestandteil der WEG ist der Verwaltungsbeirat. Der Verwaltungsbeirat setzt sich aus gewählten Mitgliedern der Eigentümerversammlung zusammen. Der Vorsitzende des Verwaltungsbeirats vertritt die Gemeinschaft der Wohnungseigentümer gegenüber dem Verwalter. So übernimmt der Verwaltungsbeirat auch die Kontrolle gegenüber der Hausverwaltung und kontrolliert entsprechend die Abrechnungen und Aufgaben des Hausverwalter. Bei der Entlassung oder Beauftragung des Hausverwalters kommt ebenfalls der Verwaltungsbeirat zum Zug. Bei kurzfristig notwendigen Entscheidungen oder Entscheidungen ohne große finanzielle Aufwendungen kann der Rat ohne die Eigentümerversammlung handel.

Dies ist jedoch abhängig von der Vereinbarung im Hausverwaltervertrag.

Die Jahresabrechnung

Bei einer Wohnungseigentümergemeinschaft ist der Hausverwalter verpflichtet, jährlich eine schriftliche Jahresabrechnung mit einer Aufstellung der Einnahmen und Ausgaben zu erstellen (Rechtsgrundlage §28 (3) WEG). Die Eigentümergemeinschaft hat darüber in der jährlich mindestens einmal stattfindenden Eigentümerversammlung abzustimmen, um einen rechtmäßigen Beschluss herbeizuführen.

Die Jahresabrechnung muss einer ordnungsgemäßen Buchführung entsprechen und die einzelnen Buchungen sind nach Sachgruppen zu ordnen. In der Abrechnung ist auch die Entwicklung der Rücklagen im Abrechnungszeitraum (Wirtschaftsjahr) dargestellt. Die Rücklagenbeträge sind in den vorhandenen Konten, wie z.B. Sparkonto oder Festgeld, nachprüfbar. Diese Unterlagen können alle in der Jahreshauptversammlung eingesehen werden. Rücklagenabgänge sind meistens in der Wohnungseigentümerversammlung beschlossene Instandsetzungs- oder Instadhaltungsmaßnahmen. Über die Beträge bzw. Abgänge müssen Belege (Rechnungen) vorhanden sein. Die Verwalterabrechnung ist in einzelne Spalten unterteilt. In unserem Beispiel einmal die Kostenarten in Gesamtumlage, Gesamtverteilerschlüssel, Einzelverteilerschlüssel und ihr Anteil. Die Gesamtumlage ist der Betrag für das gesamte Gemeinschaftseigentum. Der Gesamt- und Einzelverteilerschlüssel zeigt die Anzahl der Wohneinheiten, die Höhe der Miteigentumsanteile, die Anzahl der Rauchmelder oder die Wohnfläche in m^2 an. Bei Heizung, Warm- und Kaltwasser wird die Verteilung anhand der Energieverbrauchserfassung festgestellt. Hierzu befinden sich in den einzelnen Wohneinheiten entsprechende Erfassungsmessgeräte, daher wird dies im Verteilerschlüssel mit Direktzuordnung bezeichnet. Bei den Rücklagenkonten ist der Bestand der Rücklagen zu Jahresbeginn und zum Jahresende in der ersten Spalte aufgeführt. Die Verteilung auf die einzelnen Eigentümer erfolgt gemäß dem Einzelverteilerschlüssel nach den Miteigentumsanteilen. Die Miteigentumsanteile zu jeder Wohnung stehen in der Teilungserklärung. In der letzten Spalte ist dann für die betreffende Wohnung der nach Miteigentumsanteil umgerechnete eigene Rücklagenanteil.

Die Jahresabrechnung wird vom Verwaltungsbeirat vor der Eigentümerversammlung geprüft.

Um die Kosten des zu verwaltenden Eigentums für das laufende Wirtschaftsjahr einzuschätzen, erstellt der Hausverwalter immer zusätzlich zur Jahresabrechnung des abgelaufenen Wirtschaftsjahres einen Wirtschaftsplan für das Folgejahr. Grundlage ist hierzu die letzte Jahresabrechnung. Hieraus wird dann entsprechend den Eigentumsanteilen das jeweilige monatliche Wohngeld ermittelt. Jeder Miteigentümer erhält einmal jährlich eine Jahresabrechnung und einen Wirtschaftsplan.

Kostengruppen in der Jahresabrechnung

Nach dem Wohnungseigentumsgesetz sind die Lasten des gemeinschaftlichen Eigentums, die Kosten der Instandhaltung, Instandsetzung, der sonstigen Verwaltung und eines gemeinschaftlichen Gebrauchs von Gemeinschaftseigentum (§ 16 Abs. 2 WEG) nach dem Verhältnis seines Anteils zu tragen. Bei den Kosten wird unterschieden in *nicht auf den Mieter umlegbare* Kostengruppen und *auf den Mieter umlegbare* Kostengruppen.

Nicht auf den Mieter umlegbare Kostengruppen

- Instandsetzung wie Fenstertausch, Reparaturen usw.
- Instandhaltung wie Malerarbeiten, Pflege usw.
- die Kosten der sonstigen Verwaltung wie Verwaltergebühr und Kontoführung
- Sonderumlagen wie z.B. bei größeren Reparaturen oder bei Zahlungsrückständen.
- Instandhaltungsrücklage (Höhe richtet sich nach Alter und Zustand des Gebäudes)
- weitere Kosten wie Anwalts- oder Gerichtskosten, Kosten für Eigentümerversammlung, Aufwandsentschädigung für den Verwaltungsbeirat, Schadenersatzleistungen usw.

Auf Mieter umlegbare Kostengruppen

- Laufende Bewirtschaftungskosten (Betriebskosten) wie Kosten der Wasserversorgung, der Kanalisation, der Entwässerung, des Aufzugs, der Straßenreinigung und des Mülls, Gebäudereinigung, Schornsteinfegerkosten, Gartenpflege und Winterdienst, Allgemeinstrom, Hausmeisterkosten,
- Kabelfernsehen, Versicherungen usw.
- Heiz-, Warmwasser- und Kaltwasserkosten (gemäß Energieverbrauchserfassung)
- Strom (gemäß Wohnungsstromzähler)
- Grundsteuer (Jedoch finden Sie diese nicht in der Abrechnung vom Hausverwalter. Die Rechnung über die Grundsteuer erhalten Sie als Eigentümer direkt vom Finanzamt. Kosten für die Grundsteuer können Sie ebenfalls auf den Mieter umlegen.)

Eine Übersicht über alle umlegbaren Betriebskosten im Sinne von § 1 der Betriebskostenverordnung finden Sie im Anhang dieses Buches.

Die Kontrolle der Jahresabrechnung

Wenn Sie als Eigentümer die Jahresabrechnung für das abgelaufene Wirtschaftsjahr erhalten, prüfen Sie diese soweit Sie das selbst können - insbesondere der Vergleich mit Abrechnungen aus den Vorjahren auf größere Abweichungen.

- Die Prüfung der Zahlungen und Belege übernimmt in der Regel der Verwaltungsbeirat vor der Eigentümerversammlung. In seinem Bericht bei der Eigentümerversammlung bestätigt er dann die Prüfung der Zahlungen und auch die Vollständigkeit der Belege.

- Die Rücklagen sind nachzurechnen, alle Guthabenkonten sind einzusehen. Dies ist in der Eigentümerversammlung möglich.
- Haben alle Eigentümer das Hausgeld vollumfänglich bezahlt? Bei Fehlbeträgen, ist die Beitreibung durch den Hausverwalter veranlasst?

Musterdokument zum Download

Als Download zum Kapitel können Sie sich die Dokumente Abrechnung einer Hausverwaltung und Nebenkostenabrechnung für den Mieter herunterladen. Die Abrechnung einer Hausverwaltung (von der Hausverwaltung an den Eigentümer) dient Ihnen als Beispielrechnung. Die Nebenkostenabrechnung für den Mieter (von dem Eigentümer an den Mieter) hilft Ihnen, die Kosten transparent für den Mieter darzustellen. Des Weiteren ist dieses Dokument für Ihre Steuererklärung notwendig.

Werterhaltung und Wertsteigerung

Immobilien werden häufig mit dem Ziel einer möglichst großen Wertsteigerung oder - wenn der Eigentümer das Objekt selbst bewohnt - zumindest zum Werterhalt gekauft. Dafür müssen Sie einen sehr guten Blick auf die Entwicklung des Immobilienmarktes in der jeweiligen Stadt haben und dort kaufen, wo die Nachfrage in absehbarer Zeit nicht nachlassen wird. Eine Orientierung liefert dabei ein Blick auf die Entwicklung der Bodenwerte einer Region. Ist hier eine Aufwärtskurve zu erkennen, zahlt sich die Investition in den meisten Fällen aus. Neben einer exklusiven Lage gibt es aber noch einige weitere Faktoren, die die Wertsteigerung von Immobilien begünstigen. Dazu gehören vor allem der Zustand und die Ausstattung des Gebäudes. In diesem Beitrag haben wir Ihnen kompakt alle wichtigen Informationen zur Werterhaltung und Wertsteigerung einer Immobilie zusammengetragen.

Wie erhalten Sie den Wert der Immobilie?

Ein gepflegter Gebäudezustand

Ganz nach dem Sprichwort “Eigentum verpflichtet” sollten Sie ihre Immobilie stets in einem guten Zustand halten. Es lohnt sich, die Fassade in Schuss zu halten bzw. bei Bedarf zu streichen oder evtl. sogar zu sanieren. Auch die Einfahrt sowie die Blumenbeete und der Garten sollten gepflegt wirken. Bei der Durchführung von Besichtigungen mit potenziellen Käufern ist der erste Eindruck vom Zustand eines Gebäudes entscheidend.

Sanierung

Viele Käufer schrecken davor zurück, unsanierte Immobilien zu kaufen, in die noch viel Geld und Arbeit investiert werden muss. Daher lohnt es sich für Eigentümer unabhängig davon, ob sie die Immobilie selbst bewohnen oder vermieten , fällige Sanierungen rechtzeitig durchzuführen.

Sanierungsarbeiten sind dann unerlässlich, wenn ernsthafte Mängel an einer Immobilie behoben werden müssen. Sie werden durchgeführt, um das Haus wieder in einen ordnungsgemäßen Zustand zu bringen.

Notwendige Sanierungsarbeiten können sein:

- Beseitigung von Schimmel (feuchte Wände)
- Trockenlegung eines Kellers
- Reparaturen am Dach

Durch eine rechtzeitige Sanierung können Immobilieneigentümer langfristig Geld sparen. Da stellt sich natürlich die Frage, wann denn „dieser beste Zeitpunkt“ für Sanierungsmaßnahmen gekommen ist. Pauschal lässt sich nicht genau festlegen, wann der Eigentümer mit den entsprechenden

Sanierungsmaßnahmen beginnen sollte. Die nachfolgende Übersicht liefert Ihnen entsprechende Richtwerte, wann welche Maßnahme fällig sein könnte:

Umfang	**Zeitraum**
Fassade	Anstrich: alle 10 bis 15 Jahre Komplette Erneuerung: ca. 40 Jahre
Fenster und Haustüren	Alle 25 bis 30 Jahre Bei hohen Energieverlusten früher
Dach	Alte Ziegel- und Kupferdächer: ca. 50 Jahre Bitumenflachdächer: ca. 20 - 25 Jahre
Wärmeerzeuger	ca. 20 bis 30 Jahre
Heizkörper und Rohrleitungen	ca. alle 40 Jahre
Lüftungsgeräte	ca. alle 15 bis 20 Jahre
Elektroanlagen	Nach Bedarf (regelmäßig überprüfen)

Wenn ein Sanierungsbedarf rechtzeitig erkannt und behoben wird, so kann dies langfristig Geld einsparen. Dazu ist es notwendig, dass der Eigentümer alle

wichtigen Anlagen und Einrichtungen des Hauses regelmäßig überprüft oder überprüfen lässt. Wächst ein Schaden, entstehen daraus meist höhere Folgekosten. Verschleppte Investitionen können den Renovierungsaufwand am Ende deutlich erhöhen.
Orientieren Sie sich an der nachfolgenden Übersicht, um den Wert Ihrer Immobilie durch regelmäßige Kontrollen zu erhalten:

- Dachentwässerung (alle 6 Monate)
- Kontrolle der Dachanschlüsse, Heizkessel und offene Holzkonstruktionen (alle 12 Monate)
- Schornstein, Fassadenputz- und Anstrich an sich, Holzfenster und Türen (alle 12 Monate)
- Heizkörper und Rohrleitungen (alle 5 Jahre)
- Innenputz, Lichtschacht, Fliesen, Keramik, Parkett (alle 10 Jahre)

Achtung: Wenn Sie Sanierungsmaßnahmen in älteren Gebäuden durchführen und dabei mehr als 10% der Fassadenfläche Ihres Hauses erneuern lassen, muss die gesamte Fassade nach den gesetzlichen Vorschriften der EnEV neu gedämmt werden.

Was steigert den Wert der Immobilie?

Energiebilanz

Käufer haben nicht nur einen Blick auf aktuelle Investitionen, sondern auch auf langfristige Kosten. Die Energiekosten sind ein wesentlicher Aspekt in der Haushaltsplanung. Fenster mit guter Isolierverglasung oder alternative Energiequellen wie eine Solaranlage, aber auch eine Wärmepumpe, können den Wert eines Hauses erheblich nach oben treiben. Es handelt sich dabei immer um Investitionen in die Zukunft der Immobilie.

Ausstattung

Besondere Ausstattungsmerkmale wie ein zusätzliches Carport oder ein Kamin bzw. auch Kachelofen im Inneren des Hauses können den Wert einer Immobilie erheblich steigern.

Ausbau für mehr Quadratmeter

Sofern es die Gegebenheiten vor Ort erlauben, sollten Sie zur Wertsteigerung der Immobilie über einfach durchzuführende Aus- oder Umbauten nachdenken. Ein zusätzlicher Wintergarten, Ausbau des Dachgeschosses oder eine Dachgaube bringen mehr Wohnfläche und Nutzungsmöglichkeiten. Zusätzlich steigert es den Wert der Immobilie.

Renovierungsarbeiten

Eine Renovierung führen Sie durch, damit das Haus optisch wieder in neuem Glanz erstrahlt. Kleine Schäden werden beseitigt, damit sich die Bewohner wohlfühlen.

Eine defekte oder lose Fliese, ein tropfender oder verkalkter Wasserhahn, eine veraltete Duschwanne etc. machen nicht gerade den besten Eindruck. Schieben Sie solche Renovierungsarbeiten nicht unnötig lange hinaus. Saubere, auch schimmelfreie Silikonfugen sowie eine glänzende Mischbatterie deuten auf eine gepflegte Immobilie hin. Dies sind alles Dinge, die deutlich zum Werterhalt einer Immobilie beitragen.

Renovierungsmaßnahmen können auch sein:

- Bohrlöcher beseitigen
- Abgeplatzte Tapeten erneuern
- Ausbesserung von defekten Fliesen (sofern möglich)
- Wände neu streichen
- Fensterrahmen streichen

Diese Arbeiten sind nicht zwingend nötig, aber sie sorgen für den Werterhalt einer Immobilie.

Modernisierung

Eine Modernisierung führen Eigentümer meistens mit dem Ziel durch, den Wert einer Immobilie zu steigern und auch das Wohngefühl in den Wohnräumen zu erhöhen. Außerdem sollen durch die Maßnahmen auch Energiekosten gespart werden. Einige Modernisierungsmaßnahmen werden auch vom Gesetzgeber vorgeschrieben, wie beispielsweise Maßnahmen zur Energieeinsparung oder zum Brandschutz.

Zu den typischen Modernisierungsarbeiten gehören:

- Dämmung des Daches
- Dämmung der Außenwände
- Tausch der Fenster
- Erneuerung der Elektroinstallation
- Neue Sanitäreinrichtungen
- Austausch der Heizungsanlage

Mieterhöhung nach Sanierung oder Modernisierung

Mit einer Sanierung bzw. Modernisierung erhöhen Sie den Wohnkomfort und können damit als Hauseigentümer auch höhere Mieten verlangen. Ein Teil der Kosten für die Maßnahmen kann auf die Miete umgelegt werden. Die Maßnahmen und die damit verbundene Mieterhöhung muss dem Mieter rechtzeitig angekündigt werden. Dieser bekommt dadurch ein Sonderkündigungsrecht, wenn er die Modernisierungsarbeiten und die Mieterhöhung nicht tragen möchte.

Um diesen Betrag können Sie die Miete erhöhen:

- 11% der Modernisierungskosten können dauerhaft auf die Jahresmiete umgelegt werden
- Zuschüsse müssen von den Kosten abgerechnet werden
- Es gibt keine Kappungsgrenze

Die energetische Sanierung

Insbesondere auch im Hinblick auf die steigenden Anforderungen der EnEV und die steigenden Energiekosten kann sich die Investition in eine energetische Sanierung sehr schnell auszahlen. Langfristig gesehen gibt es für Immobilienbesitzer keine Alternative zu einer energetischen Sanierung. Die fossilen Energiequellen nehmen kontinuierlich ab, so dass langfristig jedes Gebäude alternative Energiequellen nutzen muss.
Die Maßnahmen zur energetischen Sanierung verursachen zwar Kosten, zahlen sich aber langfristig aus. Folgende Maßnahmen können Immobilieneigentümer ergreifen, um ihr Haus energetisch auf den neuesten Stand zu bringen.

Erneuerung der Wärmedämmung

Je besser ein Haus gedämmt ist, desto weniger Energieverluste stellen sich ein. Durch die Erneuerung der Wärmedämmung können Sie die Energie effizienter nutzen. Das Haus wird schneller warm und hält die Wärme im Inneren. Unterschieden wird zwischen der Erneuerung der:

- Außendämmung (Verwendung von Wärmeverbund-systemen)
- Innendämmung (Dachdämmung, Dämmung der Geschossdecken)
- Kerndämmung (zusätzliche Dämmstoffe zwischen zwei Mauerwerkswänden bei zweischaligem Außen-mauerwerk). Diese Wärmedämmung ist mit erhöhtem Aufwand bei Bestandsimmobilien nachzurüsten (gegebenenfalls im Kosten/ Nutzen Verhältnis nicht rentabel).

Austausch der Fenster

Durch veraltete, undichte Fenster geht in den Wintermonaten sehr viel Heizwärme verloren. Daraus ergeben sich hohe Wärmeverluste. Durch den Einbau neuer Fenster, beispielsweise mit Dreifachverglasung, können diese Wärmeverluste minimiert werden. In einem mehrschichtigen Isolierglas befindet sich eine Luftschicht zwischen den einzelnen Lagen. Die Fensterscheiben reflektieren die Wärmestrahlung und lassen die warme Heizungsluft nicht nach außen dringen.

Heizen mit erneuerbaren Energien

Für die Umwelt hat die Umstellung auf alternative und erneuerbare Energien zahlreiche Vorteile. Die Vorräte der Erde werden weniger strapaziert, und der Ausstoß von Schadstoffen wie Kohlenstoffdioxid, Kohlenstoffmonoxid, Stickoxide oder Feinstaub kann verringert werden.

Sie können erneuerbare Energien wie folgt nutzen:

Solarwärme

Um die Sonnenenergie zu nutzen, kann eine solarthermische Anlage auf dem Dach installiert werden. Diese Anlage speichert die Sonnenstrahlung und wandelt sie in nutzbare Wärme um. Mit dieser Solarwärme ist eine Nutzung zur Warmwasserbereitung und auch zur Heizungsunterstützung möglich.

Am häufigsten wird die Nutzung zur Warmwasserbereitung angewandt. Je nach Lage des Hauses kann mit der Solaranlage bis zu 70% der Erwärmung des Warmwasserbedarfs erreicht werden.

Biomasse

Diese Masse wird unter anderem aus speziell angebauten Pflanzen, aber auch aus Reststoffen wie Stroh, aus Ernteabfällen oder aus Biomüll gewonnen. In Privathaushalten wird Biomasse meist in Form von Pellets genutzt, die für den Betrieb einer Pelletheizung eingesetzt werden.

Wärmepumpen

Wärmepumpen machen sich die Erdwärme zunutze. Sie nehmen die Wärme entweder direkt aus dem Grundwasser oder aus der Umgebungsluft und speisen diese in die Heizungen des Hauses ein. Am effizientesten sind hierbei Erdwärmepumpen.

Dezentrale Lüftungsanlagen

Diese Anlagen produzieren zwar keine eigene Energie, sie sorgen aber dafür, dass Wärme und frische Luft im Haus optimal abgestimmt sind. Dank einer dezentralen Lüftungsanlage haben Sie immer frische Luft im Raum. Ohne eigenhändig lüften zu müssen, verliert man dadurch keine teuer erzeugte Wärme. Die dezentrale Lüftungsanlage transportiert verbrauchte Luft samt Feuchtigkeit nach außen und bringt frische Luft wieder nach innen. Die Wärme wird dabei größtenteils wieder zurückgewonnen.

Tipp: Die Renovierungs- und Modernisierungskosten können bei vermieteten Objekten als sogenannter Herstellungsaufwand steuerlich abgesetzt werden. Sie sind über die Restnutzungsdauer des Gebäudes abzuschreiben.

KfW-Förderungen für Ihre Immobilie

Die Kreditanstalt für Wiederaufbau (KfW) stellt fortlaufend Programme und Förderungen zum Immobilienkauf oder für die Sanierung von Immobilien zur Verfügung. Hierbei handelt es sich um einmalige Zahlungen oder zinsgünstige Darlehen, die bei der eigenen Hausbank zu beantragen sind. Die KfW-Förderungen sind für Immobilieneigentümer oder Immobilienerwerber sehr interessant. Durch die Förderungen erhalten Sie einen günstigeren Zins und der Energieverbrauch Ihrer Immobilie wird durch die Sanierungsmaßnahme deutlich verbessert.

Für den Erhalt eines Darlehens mit KfW-Förderung sollte der Antragsteller 15-20 % (je nach Bundesland unterschiedlich) des Gesamtbetrags der Finanzierung als Eigenkapital vorweisen. Dies ist jedoch mit der Hausbank im Detail zu besprechen.

Zuschuss bei energieeffizientem Sanieren

Für eine Sanierung zum KfW-Haus oder einzelner energieeffizienter Sanierungen erhalten Sie bis zu 30.000 € Zuschuss pro Wohneinheit (als Wohneinheit zählt ein abschließbarer Wohnraum mit separatem Eingang, Toilette, Küche, der zum dauerhaften Wohnnutzen geeignet ist). Die KfW-Förderungskredite mit der Nummer 430 und 151 sind erhältlich für private Eigentümer, die eine Sanierung an ihrer

Immobilie vornehmen oder einen bereits sanierten Wohnraum erwerben. Wohngebäude, die vor dem 01.02.2002 den Bauantrag oder die Bauanzeige aufweisen. Als Vergleichswert dient der KfW-Effizienzhaus-Standard. Der Jahresprimär-energiebedarf des zu sanierenden Objektes wird mit einem Neubauprojekt verglichen. Je niedriger die Zahl, desto höher die Energieeffizienz.

KfW-Effizienzhaus-Typ	**Höhe der förderfähigen Kosten je Wohneinheit**
KfW-55	30,0 % bis zu 30.000 €
KfW-70	25,0 % bis zu 25.000 €
KfW-85	20,0 % bis zu 20.000 €
KfW-100	17,5 % bis zu 17.500 €
KfW-115	15,0 % bis zu 15.000 €
KfW-Denkmal	15,0 % bis zu 15.000 €
Heizungs- oder Lüftungstausch	15,0 % bis zu 7.500 €

Weitere Sanierungsmaßnahmen

(Förderung über 10,0 % - bis zu 5.000 €)

Sollten Sie keinen KfW-Effizienzhaus-Standard anstreben, können Sie auch mit “kleineren Maßnahmen” Förderungen erhalten:

- Heizungstausch: Austausch einer nicht energieeffizienten Heizungsanlage (bis zu 15 % der förderfähigen Kosten)
- Lüftungstausch: Einbau einer Lüftungsanlage (bis zu 15 % der förderfähigen Kosten)
- Dämmungen von Wänden, Geschossdecken und Dachflächen
- Baunebenkosten, Wiederherstellungskosten und Baubegleitungskosten für die anfallenden Sanierungsmaßnahmen
- Austausch der Fenster und Außentüren:
- So kann man zum Beispiel für den Austausch der Fenster bis zu 10 % des Rechnungsbetrags von der KfW bezuschusst bekommen. Kontaktieren Sie hierzu vor der Durchführung der Sanierungsmaßnahme einen Energieberater, der mit der Beantragung eines KfW-Zuschusses Erfahrungen hat. Gegebenenfalls haben die Handwerker den richtigen Ansprechpartner. Der Energieberater muss die technischen Gegebenheiten analysieren und die Maßnahme bewerten. Im Anschluss wird der Antrag an die KfW gesandt. Nach Zustimmung durch die KfW kann die Sanierungsarbeit beginnen. Mit Abschluss der Sanierung und dem Einreichen der Rechnung bei der KfW erhalten Sie 10% des Rechnungsbetrages.

Außerdem steht noch die KfW Förderungskredit Nummer 167 zur Verfügung für alle Immobilieneigentümer, die ihre Heizungsanlage auf erneuerbare Energien umstellen möchten. Hier erhalten Sie bis zu 50.000 € bei einem effektiven Jahreszins von 1,31% bei 10 Jahren Zinsbindung.

Zuschuss bei der Baubegleitung

Sollten Sie für die energetische Sanierung eine Baubegleitung (einen Experten für Energieeffizienz, einen Architekten usw.) beauftragen, so wird dies ebenfalls durch den KfW-Förderungskredit 431 unterstützt. Hier werden bis zu 50 % je Vorhaben übernommen, jedoch höchstens 4.000€. Anerkannt wir die Planung von Sanierungen an Wohneinheiten sowie die energetische Planung von Neubauprojekten. Die finanzielle Unterstützung erhalten Sie auch für die Erstellung eines Zertifikates für nachhaltiges Bauen.

Zuschuss Brennstoffzellensysteme

Falls Sie sich für ein stationäres Brennstoffzellensystem in Ihrer Wohneinheit entschieden haben, so erhalten Sie eine Förderung Kredit 433 (Benennung von der KFW Bank) von bis zu 28.000€ je Brennstoffzelle. Anerkannt wird dies:

- für Bestands- sowie Neubauimmobilien.

- für Leistungsklassen zwischen 0,25 und 5,0 kW elektrischer Leistung.

Förderungen erhalten Sie für:

- Brennstoffzellensysteme inkl. Einbau
- 10 Jahre Wartungsvertrag
- Kosten für die Baubegleitung (siehe Abschnitt oben)
- KfW für Baudenkmal
  Das Wohnen in einem geschützten Baudenkmal bringt einen besonderen Charme mit sich. Leider ist es jedoch meist auch mit hohen Nebenkosten verbunden. Durch die Auflagen des Denkmalschutzes ist eine energetische Sanierung leider nur bedingt möglich.

Gefördert werden beim Baudenkmal die Sanierung zum KfW-Effizienzhaus mit bis zu 100.000€ oder der Austausch von Fenstern und Heizung mit jeweils 50.000€. Ob Ihr Baudenkmal über diese KfW Förderung verfügen kann, müssen Sie mit der Denkmalbehörde oder dem Bauamt besprechen.

Abhängig ist das von folgenden Punkten:

- Liegt das Objekt in einem Sanierungs- oder Erhaltungsgebiet?
- Ist es im Schutzbereich der Altstadtsatzung?
- Zählt es aus anderen Gründen zur örtlichen zu erhaltenden Bausubstanz?
- Das Objekt ist ein Baudenkmal nach dem Denkmalschutzgesetz der Bundesländer

Sollten Sie über eine KfW-Förderung nachdenken, so raten wir Ihnen dazu, in einem guten Austausch mit dem Energieberater und der Bank zu stehen.

Verkauf Ihrer Immobilie

Beim Kauf der Immobilie in Kapitel "Notarieller Kauf" haben Sie bereits erfahren, welche Unterlagen für den Kauf einer Immobilie vorhanden sein müssen. Diese Unterlagen benötigen Sie 1 : 1 auch für den Verkauf. Bitte stellen Sie sicher, dass diese Unterlagen vorhanden sind und Sie über den Inhalt auch Bescheid wissen.

Wir machen leider sehr oft die Erfahrung, dass den Eigentümern nicht bewusst ist, welche Unterlagen zu ihrer Immobilie gehören. Häufig fehlen dem Eigentümer die Unterlagen zum Objekt und dadurch auch das Wissen über den Inhalt dieser Schriftstücke.

Da wir als Immobilienmakler nur in den Verkauf gehen, wenn uns alle Dokumente vorliegen, holen wir vorab alle noch fehlenden Unterlagen von Ämtern, Hausverwaltungen, vom Grundbuchamt usw. ein. Hier kann es schon mal vorkommen, dass Eigentümer von bestimmten Sachverhalten überrascht werden.

So gab es zum Beispiel den Fall, dass ein Eigentümer die Grenze zum Nachbarn mit einer Terrasse überbaut hat. Der Verlauf der Grenze wurde ihm vom Verkäufer vor ca. zehn Jahren (falsch) erläutert. In den von uns angeforderten Unterlagen war der Verlauf der Grenze jedoch eindeutig dargestellt.

Ein anderes Beispiel hierzu hatten wir bei dem Verkauf eines Hauses. Hier war die Hofeinfahrt direkt angrenzend an das bisher unbebaute Nachbargrundstück. Der Eigentümer versicherte uns, dass es möglich wäre, das Grundstück mit dem Haus einzuzäunen und ein Tor an der Einfahrt anzubringen. Aus den Unterlagen ging jedoch hervor, dass der

Nachbar des unbebauten Grundstücks ein Überfahrtsrecht hatte. Achten Sie also auf Ihre Unterlagen zur Immobilie.

Beim Verkauf einer Immobilie sind die steuerlichen Aspekte sowie die aktuelle wirtschaftliche Situation wichtig.

Steuerlicher Aspekt

Die Berücksichtigung des steuerlichen Aspekts spielt bei dem Verkauf der Immobilie eine wichtige Rolle. Durch die enorme Preisentwicklung in den vergangenen Jahren im Immobilienbereich ist es gängig, dass Verkäufer mit dem Verkauf ihrer Immobilie einen Gewinn erzielen. Da private gewinnbringende Verkäufe nach § 23 EStG steuerpflichtig sind, wäre die sogenannte Spekulationssteuer fällig. Hier ist jedoch zu beachten wie lange Sie bereits im Besitz der Immobilie sind. Der Gesetzgeber legt die Zeiträume auf 3 Jahre bei Eigennutzung und auf 10 Jahre "Allgemeinnutzung" fest. Beachten Sie unbedingt die Fristen, da Sie sonst die Spekulationssteuer an das Finanzamt abführen müssen.

Immobilienverkauf - Frist von 10 Jahren

Nach 10 Jahren Besitz der Immobilie ist ein steuerfreier Verkauf Ihres Objektes möglich. Der berechnete Zeitraum richtet sich nach dem Erwerb oder Bau der Immobilie bis zum Verkaufsdatum (relevant ist das Datum auf den Kaufverträgen).

Immobilienverkauf - Frist von 3 Jahren

Eine Ausnahme von der 10-Jahres-Frist gilt, wenn Sie mindestens 3 Jahre in der Immobilie zur Eigennutzung gewohnt haben.
Diese Regelungen (Frist von 3 Jahren und Frist von 10 Jahren) gelten auch bei angebrochenen Kalenderjahren und können dadurch nochmals deutlich kürzer ausfallen. Zum Beispiel bei einem Einzug zur Eigennutzung im November 2016 könnte die Wohnung im Jahr 2018 schon steuerfrei verkauft werden.

Immobilienverkauf außerhalb der Fristen:
Sollten Sie Ihre Immobilie jedoch früher verkaufen müssen, sehen Sie in der unten aufgeführten Beispielrechnung die anfallenden Kosten beim Verkauf ohne Berücksichtigung der Fristen.

Anschaffungskosten	240.000 €
Verkaufserlös	300.000 €
zu versteuernder Gewinn	60.000 €
Ihr persönlicher Steuersatz	40 %
zu bezahlende Spekulationssteuer	24.000 €

Ihr Gewinn nach Steuer	36.000 €

Erläuterung der Parameter:

- Anschaffungskosten: Zu diesem Preis haben Sie die Immobilie erworben.
- Verkaufserlös: Der Verkaufserlös ist der Verkaufspreis, zu dem die Immobilie verkauft wurde.
- Gewinn: Der Gewinn ergibt sich aus dem Verkaufserlös und den Anschaffungskosten. Hiermit ist die Wertsteigerung Ihres Objektes zu berechnen.
- Steuersatz: Der Steuersatz richtet sich nach Ihrem persönlichen Einkommen und der Einstufung in der Steuerklasse. Hier im Beispiel: 40 %.
- Spekulationssteuer: Sie ergibt sich aus dem Gewinn und Ihrem persönlichen Steuersatz.

Dadurch erhalten Sie beim Verkauf lediglich einen Gewinn nach Steuern von 36.000 €. Können Sie die Immobilie unter Beachtung der vorgeschriebenen Fristen veräußern, so stehen Ihnen die vollen 60.000 € Gewinn zu.

Aktuelle Situation

Ein weiterer Faktor, der Einfluss auf den Verkauf Ihrer Immobilie hat, ist die aktuelle Marktsituation. Herrscht aktuell ein Käufer- oder Verkäufermarkt?

Wirtschaftliche Situation

Wir raten Ihnen dazu, Ihre Immobilie dann zu verkaufen, wenn die wirtschaftliche Situation gut ist. Dies ist meist dann gegeben, wenn sich die Zinsen in einem Tief befinden und Immobilien sich großer Nachfrage erfreuen. Dies war in den letzten Jahren (2009-2019) der Fall! Die Zinsen für einen Kredit sind/waren auf einem Tiefstand und die Nachfrage für Immobilien könnte größer kaum sein.
Jedoch möchten wir darauf hinweisen, dass sich dies in naher Zukunft auch wieder ändern kann. Es ist zu erwarten, dass das Zinsniveau steigen wird. Leider ist eine Prognose, zu welchem Zeitpunkt diese Veränderung genau eintritt, schwer vorherzusehen.

Entwicklung der Wohnungspreise

Beim Verkauf des Eigentums möchten Sie als Eigentümer selbstverständlich den höchstmöglichen Preis erzielen. Die Kaufpreise wie auch die Nachfrage bei Eigentumswohnungen in deutschen Großstädten wie z.B. in München oder Stuttgart sind auf einem Allzeithoch und bieten allen Eigentümern die Möglichkeit, ihre Immobilien zu optimalen Bedingungen zu verkaufen.
Der Kauf- oder Verkaufspreis für eine neu errichtete Eigentumswohnung z.B. in München lag im Jahr 2018 bei etwa 6.500 € je m² Wohnfläche. Im Vergleich zum Jahr 2009 ist das eine Steigerung um ca. 92 %, also fast eine Verdoppelung.

Die Statistik (von Statista und der LBS Sparkasse) bezieht sich auf eine 3 Zimmerwohnung in mittlerer bis guter Wohnlage mit ca. 80 Quadratmetern Wohnfläche ohne Garage. Diese Entwicklung lässt sich jedoch auch auf Bestandsobjekte und Häuser im Großraum Stuttgart übertragen. Stuttgart steht der Preisentwicklung in nichts nach, hier betrug die Steigerung ca. 70-90%.

Eine durch uns veräußerte Eigentumswohnung in einer deutschen Großstadt wurde im Jahr 2008 für 85.000€ vom Eigentümer gekauft. 10 Jahre später veräußerte der Eigentümer die Wohnung zu einem Preis von 200.000€.

Verkaufen Sie Ihre Immobilie daher zur richtigen Zeit, und achten Sie nicht nur auf die steuerlichen Fristen, sondern auch auf die aktuelle Situation am Markt.

Verkauf mit Makler oder Privatverkauf

Etwas provokant gefragt, müsste ich als Immobilienmakler Sie nun fragen: „Verkaufen Sie jeden Tag Immobilien?“
Wie bereits zu Beginn des Buches erwähnt, ist das Bild eines Immobilienmaklers in der Öffentlichkeit oft negativ geprägt. Selbstverständlich gibt es hier auch schwarze Schafe, aber findet man diese nicht in jedem Berufszweig?

Gerne hierzu ein Beispiel:
Wenn Sie mit Ihrer Familie oder mit Freunden in ein Restaurant gehen und einen schönen Abend bei gutem Essen hatten, sind Sie gerne bereit, 10 % Trinkgeld oder im Einzelfall auch mal etwas mehr zu zahlen. Einem Immobilienmakler aber seine Provision für gute Arbeit zuzusprechen, ist man weniger bereit zu akzeptieren. Warum ist das so? Hier ein paar Überlegungen dazu: Der Makler erzielt erfahrungsgemäß einen um 10 bis 20 % höheren Verkaufspreis als ein Privatverkäufer. Er sichert Sie rechtlich ab, hat Erfahrung und Expertise im Vertrieb, weiß, was Käufer und Banken wollen und erspart Ihnen viel Zeit und Stress.
Der Makler ist beim Verkaufsgespräch oft in einer besseren Position als der Eigentümer selbst und kann unabhängig und ohne emotionale Bindung zum Objekt handeln. Außerdem besitzt er mehr Erfahrung in der Verhandlung. Vielen Eigentümern ist oft nicht bewusst, welchen Mehrwert ein Immobilienmakler bei dem Verkauf der Immobilie erzielen kann.

Oft heißt es: "Ich schalte ein Inserat im Internet und dann wird sich schon ein Interessent melden." Dieses Vorgehen ist leider falsch und dazu noch kontraproduktiv. Der Verkauf einer Immobilie muss sorgfältig geplant und vorbereitet werden. Angefangen von der Datenerfassung bis hin zur Erstellung professioneller Bilder und eines Exposees. Auch die Betreuung der Kunden und der Verkauf sollten durch einen erfahrenen Fachmann abgewickelt werden. Ich möchte hier in wenigen Punkten aufzeigen, welche Vor- und Nachteile der Verkauf einer Immobilie über einen Immobilienmakler mit sich bringt und welchen Mehrwert er für Sie generiert.

Vorteile: Immobilienmakler

Know-How

Mit dem Verkauf über einen Immobilienmakler profitieren Sie von dessen jahrelanger Erfahrung und seinem Fachwissen über den kompletten Verkaufsprozess hinweg. Der Makler verkauft jeden Tag Immobilien und besitzt daher Routine und Erfahrung.

Wertanalyse

Ein wichtiger Aspekt ist selbstverständlich die Festlegung des Angebotspreises der Immobilie.
Fragen Sie bei Ihrem Immobilienmakler eine Wertanalyse an und lassen Sie sich diese hinsichtlich der einfließenden Parameter aufzeigen. Des Weiteren sollte ein Angebotspreis sowie ein tatsächlicher Verkaufspreis definiert werden. Damit räumen Sie dem Immobilienmakler einen bestimmten Verhandlungsspielraum ein (Idealfall).

Interessenten

Mit dem bereits vorhandenen Kundennetzwerk des Immobilienmaklers sowie den Kenntnissen, seiner

Erfahrung über die Zielgruppe und die optimalen Vertriebskanäle wird dieser mehr potentielle Käufer akquirieren als ein Privatverkäufer.

Zeit und Erreichbarkeit:

Potentielle Käufer müssen bestens betreut werden. Sie müssen für die eingehenden Anrufe von Interessenten verfügbar sein und Besichtigungen müssen zeitnah durchgeführt werden. Im digitalen Zeitalter werden längere Wartezeiten nicht mehr geduldet.

Im Verkauf gilt stets: „Schmieden Sie das Eisen solange es heiß ist.“

Mit der Beauftragung eines Maklers sparen Sie sich viel Zeit und Stress. Die ständige Erreichbarkeit sowie die Flexibilität bei Besichtigungen bringen einen deutlichen Mehrwert und entlasten Sie.

Tipps: Befragen Sie den Immobilienmakler nach seiner Verfügbarkeit und wie viele Objekte er aktuell betreut. Aus meiner Erfahrung sind für einen Immobilienmakler 3-4 Objekte gleichzeitig gut zu betreuen. Betreut der Makler Ihr Objekt persönlich oder unterstützt eine Assistentin?

Wann finden voraussichtlich die Besichtigungen statt? Viele Immobilienmakler von großen Immobilienbüros haben feste Arbeitszeiten von Mo-Fr. in der Zeit von 08:00 - 16:00 Uhr. Wir hingegen haben die Erfahrung gemacht, dass Käufer gerne am Wochenende Objekte besichtigen. Des Weiteren bringt das den Vorteil, dass alle Interessenten “entspannter” zur Besichtigung erscheinen. Während der Woche sind

Besichtigungen nach einem anstrengenden Arbeitstag und der Anfahrt zur Besichtigung im Feierabendverkehr meist unangenehm und teils auch stressig.

Tools und Ausstattung

Ein Immobilienmakler ist optimalerweise mit einer guten Spiegelreflexkamera, einem Weitwinkelobjektiv, Stativ, Photoshop und vielem mehr ausgestattet. Eine Immobilie sollte professionell fotografiert, die Fotos fachmännisch bearbeitet und speziell für in Frage kommende Kaufinteressenten ausgesucht werden. Des Weiteren gehören Feuchtigkeits- und Lasermesser zur Grundausstattung.

Kommunikation kritischer Themen

Als unabhängige Person fällt es einem Makler leichter, kritische Themen beim Käufer anzusprechen. Ein Interessent spricht mit einem Makler offener über kritische Themen als mit einem Eigentümer. Dadurch fällt es einem Makler häufig leichter, berechtigte Zweifel auf Käuferseite zu beseitigen.

Verhandlungen

Durch eine erfahrene und fachmännische Verhandlung erreicht ein Makler einen höheren Verkaufspreis.

Nachteile: Immobilienmakler

Als Eigentümer geben Sie die Kontrolle über den Verkauf Ihrer Immobilie aus der Hand. Hierzu ist das Vertrauen in den Immobilienmakler sehr wichtig. Daher sollten Sie im ersten Beratungsgespräch den Makler kennenlernen und prüfen, ob er als vertrauenswürdiger Partner für Sie in Frage kommt. Eine persönliche Ebene und Sympathie sind die Basis für eine erfolgreiche Zusammenarbeit.

Anhand des letzten Kapitels erkennen Sie, dass man zum Verkauf einer Immobilie viele Aspekte abdecken muss. Daher verfügt ein guter Makler über Kenntnisse in den Bereichen Marketing und Vertrieb, Führung von Verhandlungen, Recht, Fotografie und der IT-Branche.

Neben der sozialen Intelligenz benötigen Sie zur Führung eines Immobilienbüros viele weitere Fähigkeiten. Daher erneut mein Appell an alle Leser: Unterschätzen Sie diesen Mehrwert nicht!

Privatverkauf ihrer Immobilie

Da ich nun ausreichend den Verkauf über den Makler erklärt habe, werde ich Ihnen nun den Verkauf über den privaten Weg genauer erläutern. Bei dem privaten Verkauf von Immobilien ist die größte Herausforderung für den Eigentümer, den Marktwert der Immobilie herauszufinden und für die Ausschreibung festzulegen.

Angebot und Nachfrage bestimmen den Markt in Deutschland und liefern dadurch starke Preissteigerungen für bestimmte Gegenden oder Großstädte. Zum Beispiel bietet der Ballungsraum Stuttgart durch seine florierende Wirtschaft und den zugleich auch guten Freizeitwert hohe Verkaufspreise bei Immobilien. Jedoch sind Immobilien als ein individuelles Gut zu betrachten und somit gesondert zu bewerten. Der Vergleich mit dem Haus in der Nachbarschaft, welches zum Preis X verkauft wurde, wird keiner fundierten Wertanalyse gerecht.
Aber die Preisfindung ist überaus wichtig. Die falsche Einschätzung Ihres Objektes kann zu folgenden Situationen führen:

Preis für die Immobilie wird zu hoch angesetzt:
Die Immobilie wird nicht verkauft, weil der Marktwert nicht stimmt. Sie haben dann mögliche Kaufinteressenten verprellt.

Der Preis für die Immobilie ist auf Grund fehlender Kenntnisse zu niedrig:
Sie verschenken viel Geld.

Da kein Eigentümer gerne Geld verschenken möchte, greift er erfahrungsgemäß zu einem höheren Verkaufspreis. Ganz nach dem Motto: "Den Preis kann ich immer noch senken". Dieses Vorgehen ist für uns vollkommen verständlich, jedoch verschaffen Sie Ihrem Haus damit ein schlechtes Image am Markt. Potentielle Käufer werde dadurch abgeschreckt und verunsichert. Eine überteuerte Immobilie wird auch auf dem Immobilienmarkt als uninteressant wahrgenommen. Nach unserer Erfahrung benötigen diese Objekte mehr Zeit zur Vermittlung und werden letztendlich dann auch noch mit einem größeren Preisnachlass verkauft.

Daher rate ich Ihnen, falls Sie privat verkaufen möchten, ihr Objekt fachmännisch einschätzen zu lassen. Beachten Sie dann noch die oben aufgeführten Punkte, dann kann auch bei einem privaten Verkauf nicht mehr viel schief gehen.

Vererbte Immobilie

Bestandsimmobilien werden oft auch aus traurigem Anlass verkauft. Hierzu wären einige wichtige Dinge zu beachten. Da beim Kauf von Immobilien die ersten Eindrücke und die Psychologie eine wichtige Rolle spielen, sollten Sie das Objekt in einem guten Licht erscheinen lassen. Sehr kontraproduktiv ist es, wenn Sie eine Wohnung oder ein Haus komplett eingerichtet - so, wie die Immobilie ein Verstorbener hinterlassen hat - zum Verkauf anbieten. Eine so personalisierte Immobilie schreckt meistens ab.

Hier einige wichtige Punkte für die Entscheidungsfindung:

- Jeder hat einen anderen Geschmack und andere Vorstellungen.
- Oft sind Möbel bzw. das gesamte Inventar sehr alt oder unansehnlich. Im Alter neigen Menschen oft

dazu, sich nicht mehr neu einzurichten, geschweige denn in eine Renovierung zu investieren.

- Nicht mehr zeitgemäße Einrichtungsgegenstände lassen nur einen eingeschränkten Raum für eigene Vorstellungen. Damit sinkt dann auch gleich das weitere Interesse.
- Eine Immobilie kann bei einer Besichtigung auch nur schwer geprüft und bewertet werden, wenn außer den Möbeln auch noch alle persönlichen Gegenstände vorhanden sind.
- Auch die Hygiene in Bad und Küche oder Sammelleidenschaften sind ein oft kritisches Thema.

Eine Ausnahme bilden Immobilien, die in einem sehr guten und modernen Zustand hinterlassen werden. Hier muss vor dem Verkauf nur geprüft werden, was in der Immobilie verbleiben kann und was an persönlichen Gegenständen auszuräumen ist. Ziel soll vordringlich auch hier sein, den Wert der Immobilie zu steigern bzw. sie attraktiv zu machen.

Sie sehen bereits anhand der aufgeführten Punkte, in welche Richtung es beim Verkauf von vererbten Immobilien geht. Aus diesem Grund ist vor den Besichtigungsterminen genau zu prüfen, ob Einrichtungsgegenstände den Wert erhöhen, oder ob es doch besser ist, eine Immobilie komplett geräumt zum Verkauf anzubieten. Sollten Sie sich für eine Räumung der Immobilie entscheiden, so lassen Sie die Immobilie innen noch weiß streichen. Dann wirkt alles frischer, und es wird ein freundlicher und sauberer Eindruck vermittelt. So können Sie die

Kaufinteressenten überzeugen und erreichen gegebenenfalls einen etwas höheren Verkaufspreis.

In diesem Zusammenhang verweisen wir auch auf die Möglichkeit von Home Staging (siehe Kapitel "Immobilie verkaufen mit Home Staging"). Auch hier wird durch eine veränderte und angepasste Einrichtung oder durch Malerarbeiten ein schnellerer Verkauf mit einem höheren Preis angestrebt.

Vor dem Verkauf renovieren?

Jeder Immobilienbesitzer möchte seine Immobilie zu einem bestmöglichen Preis verkaufen. Ohne Frage! Schließlich hatte er mit der Finanzierung und bei Vermietung auch mit der Verwaltung einen hohen Aufwand. Eine Möglichkeit, den Wert der Immobilie vor dem Verkauf zu erhöhen, wäre eine Renovierung oder Modernisierung.

Um aber Klarheit darüber zu erhalten, was im jeweiligen Fall rentabel ist, sollten einige wichtige Punkte vorher bedacht werden:

- Wie ist die aktuelle Nachfrage nach Immobilien?
  Hierzu ist die aktuelle wirtschaftliche Lage zu beurteilen. Die Nachfrage nach Immobilien steigt momenten kontinuierlich - befeuert von einer guten Wirtschaftslage und niedrigen Zinsen.

- Ist die wirtschaftliche Lage so, dass Sie einen Käufer finden, der die Finanzierung der Immobilie realisieren kann?
- Ist die Nachfrage am Standort der Immobilie so groß, dass sich die Kosten für eine Sanierung rechnen?
- Die Lage der Immobilie:
  Die größten Steigerungsraten bei Wohnimmobilien konnte man in den letzten Jahrzehnten in einer Gegend mit stark wachsender Wirtschaft und einer guten Infrastruktur, in die es viele Menschen hinzieht, erreichen. An erster Stelle sind das die Ballungszentren wie Stuttgart, München, Frankfurt, Berlin usw. Hier übersteigt die Nachfrage nach Immobilien bei weitem das Angebot, und dadurch lassen sich bei renovierten und gut gepflegten Objekten auch höhere Verkaufspreise erzielen. Ein Immobilienkäufer findet naturgemäß mehr Gefallen an schönen, renovierten und gepflegten Immobilien.
- Wie hoch ist der Renovierungs- oder Modernisierungsaufwand bzw. wie hoch sind die Kosten?
  Erhöhen die Kosten auch in gleichem Maße oder sogar darüber hinaus den Wert und die Nachfrage nach der Immobilie? Dies wäre z.B. beim Anbau eines Balkons oder beim Einbau einer Dachgaube der Fall. Derartige Maßnahmen lohnen sich in den meisten Fällen.
- Dagegen ist es beim Verkauf einer Immobilie in einer Gegend mit schwacher Infrastruktur und schlechter wirtschaftlicher Entwicklung auch zu Zeiten eines Wirtschaftsaufschwungs kaum möglich, durch eine Renovierung den Wert der Immobilie zu steigern. Es werden in solchen Gebieten meist viele Objekte

angeboten, und das wirkt sich immer äußerst negativ auf den Verkaufspreis aus.

Welche Renovierungen beim Verkauf sind sinnvoll?

Aus unserer Erfahrung sind Malerarbeiten fast immer lohnenswert. Bereits durch einen Innenanstrich erscheinen die Räume in einem ganz anderen Licht. Und wenn dann die Wohnung oder das Haus dadurch schneller oder besser verkauft wird, hat es sich meistens schon gelohnt. Das gilt natürlich auch für einen unansehnlichen Bodenbelag, sei es ein abgelaufener Teppichboden oder ein anderer schadhafter Bodenbelag. Hier ist es ebenfalls möglich, mit wenig handwerklichem Geschick viel zu bewirken.

Bei größeren Renovierungsarbeiten wie einer Badrenovierung, der Erneuerung der Hauselektrik, der Heizung oder der Versorgungsleitungen sind alle Maßnahmen vorher zu kalkulieren und mit dem möglicherweise zu erzielenden Verkaufspreis gegenzurechnen.

Sie sehen: Die gesamte Materie ist sehr komplex und sollte vorher gut durchdacht und durchgerechnet werden. Bis ins kleinste Detail ist dies aber sehr schwer zu kalkulieren. Sollten Sie hier unsicher sein, fragen Sie daher vorher einen erfahrenen Immobilienexperten nach seiner Meinung.

Wie geht man mit Immobilien im höheren Alter um?

Bei den meisten Menschen gehört die eigene Immobilie zu einem der Ziele, die sie im Leben erreichen wollen. Die Immobilie sollte im Alter abbezahlt sein, so dass man auch diesbezüglich nichts zu befürchten hat und mit einer kleineren Rente diesen besonderen Lebensabschnitt in den eigenen vier Wänden genießen kann. Mit einer Immobilie in der zweiten Lebenshälfte gibt es unterschiedliche Möglichkeiten, welche wir unseren Lesern hier genauer vorstellen möchten.

Barrierefrei umbauen

Wer eine Immobilie sein Eigen nennen kann, hat die Möglichkeit, diese den eigenen Ansprüchen anzupassen aus Immobilie in der zweiten Lebenshälfte . Viele spielen aus diesem Grund mit dem Gedanken, die Immobilie barrierefrei umzubauen und dadurch gleichzeitig auch mehr Komfort zu bekommen. Zu den typischen Barrieren gehören enge Gänge, Türen, Absätze und Treppen. Hier hilft es, alles aus der Sicht eines Rollstuhlfahrers genauer anzuschauen, um herauszufinden was alles umgebaut werden muss. Während die Absätze baulich beseitigt werden können, hilft bei Treppen meistens der Einbau eines Lifts.

Bad und Küche barrierefrei und altersgerecht umbauen

Für die tägliche Körperpflege ist das Bad und WC einer der wichtigsten Bereiche in der Wohnung. Daher fällt oft das Hauptaugenmerk des barrierefreien Umbaus zuerst auf das Bad und das WC. Damit man es im Alter möglichst lange selbstständig nutzen kann, ist es wichtig, dass die Armaturen sowie andere Einrichtungen entsprechend den körperlichen Einschränkungen ausgerichtet werden. Dazu zählen neben dem Waschbecken und der Toilette mit Haltegriffen auch eine barrierefreie Duschkabine sowie Türen mit ausreichender Breite. Weiterhin sollte das Bad, rein räumlich betrachtet groß genug sein, um sich hier mit dem Rollstuhl bewegen zu können. Ebenso wird in der Küche genügend Bewegungsfreiheit und eine ausreichend große Türe benötigt. Nur so ist es möglich, selbst mit körperlichen Einschränkungen, hier lange selbstständig und unabhängig zu bleiben. Doch nicht nur für ältere Menschen ist die barrierefreie Bewegungsfreiheit wichtig, auch Jüngere wissen einen solchen Komfort zu schätzen, so dass der barrierefreie Umbau nicht erst im Alter stattfinden muss.

Kosten für den barrierefreien Umbau

Viele Immobilienbesitzer, die ihre Immobilie barrierefrei umbauen möchten, haben vor allem Bedenken hinsichtlich der entstehenden Kosten. Relativ unbekannt ist, dass es hier auch unterschiedliche Förderungen gibt die bares Geld sparen. Um eine Förderung von bis zu 50.000 Euro zu bekommen, sind allerdings genau definierte Mindestanforderungen einzuhalten. Hier sollte man sich vorher ganz genau informieren.

Immobilie gegen Altersrente verkaufen

Leider ist es oft so, dass sich viele im Ruhestand wegen eines zu geringen Einkommens sehr einschränken müssen und das obwohl sie eine eigene Immobilie besitzen. Lohnt sich ein Verkauf, ohne dabei ausziehen zu müssen? Wir wollen erklären, wann sich eine Verrentung lohnt die Immobilie in der zweiten Lebenshälfte.
Für die meisten Eigentümer gilt die eigene Immobilie als Altersvorsorge schlechthin. Das liegt vor allem daran, dass man hier als Rentner kostenfrei wohnen kann und sich somit die monatliche Miete spart. Allerdings ist hier das Problem dass die eigene und abbezahlte Immobilie keine Einnahmen generiert. Aus diesem Grund denken viele ältere Menschen darüber nach, die Immobilie zu verkaufen. Dieser Gedanke entsteht meist bei Eigentümern die keine Erben haben. Dabei gibt es mittlerweile ein spezielles Modell bei dem die Branche damit wirbt, dass die Häuser und Wohnungen der Menschen verkauft werden und der Erlös in eine lebenslange Rente umgewandelt wird.

So funktioniert das Modell

Bei diesem Modell wird angeboten, dass die Immobilie in der zweiten Lebenshälfte an einen Investor verkauft wird. Dafür bekommen die

Verkäufer nun entweder eine Einmalzahlung oder aber eine lebenslange Rente. Den Betroffenen wird vertraglich ein lebenslanges Wohnrecht eingeräumt. Das Geschäft ist relativ einfach erklärt. Der Investor ist dafür zuständig, dass die Rente lebenslänglich ausbezahlt wird. Aus diesem Grund werden in der Regel vom Käufer gewisse Abschläge in die Rentenkalkulation der Verkäufer mit eingerechnet. Hierzu werden entsprechende Kalkulationen erstellt die die durchschnittliche Lebenserwartung berücksichtigen. Wenn der Verkäufer nun nach der Übertragung doch überdurchschnittlich lange leben sollte, kann er enorm von diesem Modell profitieren. Stirbt der Verkäufer allerdings bereits kurz nach dem Vertragsabschluss, so hat der Käufer das bessere Geschäft gemacht, er kann frei über das Objekt verfügen und es auch gewinnbringend verkaufen.

Wo liegen die Gefahren?

Eine solche Verrentung lohnt natürlich nur dann, wenn die eigene Lebenserwartung hoch ist. Des Weiteren ist es oft gar nicht so einfach, unter den vielen Angeboten einen seriösen Käufer zu finden. Hier sollten sich Interessenten fachmännisch beraten lassen.

Das Haus verkaufen und in eine Erdgeschosswohnung ziehen

Im hohen Alter klagen viele Hauseigentümer über ein zu großes Haus und dass Sie mit der Pflege und dem

Unterhalt des Hauses überfordert sind. Auch wenn man emotional an der Immobilie hängt, sollten sich Betroffene Gedanken darüber machen, ob es nicht attraktiver wäre in einer barrierefreien Wohnung zu leben.

Vor allem finanzielle Gründe sprechen oft für den Verkauf von einem zu groß gewordenen Haus und dem anschließenden Kauf einer barrierefreien Eigentumswohnung. Hier werden heute speziell für diese Zielgruppe barrierefrei und geräumige Wohnungen gebaut. So spart man sich gleichzeitig auch die Kosten für den eigenen Umbau des Hauses. Da Häuser normalerweise mehr Geld beim Verkauf einbringen als eine neue Eigentumswohnung kosten würde, lohnt es sich auch finanziell betrachtet und man kann sich evtl. den einen oder anderen Wunsch noch erfüllen. Viele Betroffene erzählen nach dem Verkauf, dass man sehr lange mit der Entscheidung zu kämpfen hatte, sich aber anschließend wirklich gut fühlt. Während ältere Menschen mit Kindern natürlich das Familienhaus gerne weitervererben würden, werden dabei die Kosten wie Grundsteuer und Instandhaltung gerne einmal vergessen und werden zur Last

Immobilie verkaufen bei Scheidung

Die Scheidungsrate ist in den letzten Jahren in Deutschland deutlich gestiegen. So nimmt nicht jede

Ehe ein gutes Ende und eine Scheidung ist heutzutage keine Seltenheit mehr. Das betrifft auch Paare, die gemeinsam Immobilien besitzen. Doch was sollten Sie beachten, wenn Sie eine Immobilie im Falle einer Scheidung verkaufen wollen?

Der Hausverkauf ist im Falle einer Scheidung für viele Betroffene eine echte Herausforderung und sollte gut durchdacht sein. So ist es leider selten der Fall, dass einer der beiden Partner den anderen komplett auszahlen kann, um das Haus selbst zu behalten. Der Verkauf ist demzufolge eine logische Konsequenz. Handelt es sich um ein hälftiges Eigentum, so wird der Verkaufserlös zu gleichen Teilen an Sie und ihren Partner verteilt. So besteht auch die Haftung für ein laufendes Immobiliendarlehen weiterhin nach der Trennung oder nach der vollzogenen Scheidung.

Wann ist der Immobilienverkauf sinnvoll?

Die wirtschaftlichen Rahmenbedingungen sind wichtig und haben einen maßgeblichen Einfluss auf die Entscheidung, was nun mit der Immobilie im Falle einer Scheidung passiert. Vor allem aufgrund der finanziellen Lage ist der Verkauf einer solchen Immobilie oftmals unausweichlich. So ist es also sehr häufig der Fall, dass die Entscheidungsräume durch die finanzielle Situation stark eingegrenzt werden.

Die möglichen Motive für den Immobilienverkauf bei Scheidung:
•Finanzielle Gründe. So entstehen aus einem gemeinsamen Einkommen nun zwei getrennte Einkommen, welche auch auf zwei Haushalte verteilt werden, was auch die Gesamtkosten stark erhöht.
•Die sogenannte wirtschaftliche Entflechtung von der bisherigen Lebensgemeinschaft, was bedeutet, dass man in Zukunft auch in Sachen Eigentum getrennte Wege gehen möchte.
•Veränderte Lebensumstände.

Wie soll man beim Immobilienverkauf wegen Scheidung vorgehen?

Wichtig ist es immer, dass Sie den Immobilienverkauf trotz der wahrscheinlich sehr unschönen Situation nicht übers Knie brechen. So könnte ein Verkauf unter Zeitdruck eventuell zu einem geringen Verkaufspreis und Verkaufserlös führen und bedeuten, dass Sie hier bares Geld verlieren könnten.

Was sind die eventuellen Vorgehensweisen bei einer Scheidungsimmobilie?
•Als Erstes sollte man sich natürlich einvernehmlich auf den Verkauf der betroffenen Immobilie einigen.
•Das Haus wird von Ihnen oder ihrem Partner übernommen, was allerdings ebenso die vorhandenen Belastungen betrifft. Hier müssen Sie sich nun auf eine Auszahlung einigen.
•Die Vereinbarung einer Teilung/Teilungsvereinbarung. Das ist zum Beispiel

bei Wohneigentum möglich, welches aus mehreren einzelnen Parteien entsteht, wie es bei einem Mehrfamilienhaus der Fall ist. Jeder der beiden Ehepartner bekommt das alleinige Eigentum an einzelnen Wohnungen, wo die andere Partei natürlich auch in Zukunft keinerlei Mitspracherecht hat.

•Eine Teilungsversteigerung, falls keine Einigung zustande kommt. Dabei handelt es sich um einen Verkauf durch eine Teilungsversteigerung, welche allerdings nur auf Antrag beim Amtsgericht auf Teilungsversteigerung möglich ist. Hier sollten Sie allerdings nun bedenken, dass so oft geringere Veräußerungserlöse eingenommen werden als bei einem kompletten Verkauf der Immobilie.

Wann sollte man die Immobilie bei Scheidung verkaufen?

Es gibt nun unterschiedliche Möglichkeiten, wann genau der richtige Zeitpunkt ist, im Falle einer Scheidung die Immobilie zu verkaufen. Einmal natürlich den Verkauf der Immobilie innerhalb des Trennungsjahres oder aber nach Abkauf von diesem Jahr.

Der Verkauf der gemeinsamen Immobilie macht natürlich auch nur dann wirklich innerhalb des Trennungsjahres Sinn, wenn ein erneutes Zusammenkommen ausgeschlossen werden kann. Auch dann, wenn die Wohnung bzw. das Haus zu groß ist, um darin alleine zu wohnen oder aber die Bewirtschaftungskosten verringert werden sollen. Des Weiteren macht es Sinn, wenn die Liquidität für den

Vermögensausgleich benötigt wird, sollten Sie über den Verkauf nachdenken.

Sie können das Haus auch nach dem Trennungsjahr verkaufen. In diesem Fall ist der Ehepartner dazu berechtigt, den Verkauf der gemeinsamen Immobilie zu verlangen und diesen sogar per Klage zu erzielen.

Home Staging

Anbei folgt ein Gastbeitrag von Frau Birgit Hahn, unserer Home Staging Kooperationspartnerin.
Frau Hahn ist seit mehreren Jahren erfolgreich im Bereich Home Staging tätig und konnte hiermit viele Immobilienverkäufe initiieren, beschleunigen und dadurch höhere Verkaufspreise generieren.

Home Staging bezeichnet die professionelle Aufbereitung von Immobilien für den Verkauf. Dabei werden gezielt Möbel, Dekorationsgegenstände und Licht eingesetzt, um die Immobilie ansprechend und einladend zu gestalten.
Durch Home Staging wird das Potenzial einer Immobilie sichtbar gemacht. Die Dimensionen der Räume werden für den Interessenten erlebbar. Leere Räume wirken kleiner als sie tatsächlich sind und so fragen Interessenten bei Besichtigungen häufig, ob denn in dem als Schlafzimmer vorgesehenen Raum ein großes Bett und auch noch ein Schrank hineinpassen. In einem vorbereiteten Schlafzimmer ist das sofort erkennbar.
Zudem erhält beim Home Staging jeder Raum eine Funktion. Sind diese Funktionen bei der Besichtigung klar erkennbar, bedeutet dies eine höhere Wertigkeit. Der Interessent bekommt eine sehr klare Vorstellung von dem, was er für sein Geld bekommt.
Beim Home Staging handelt es sich folglich um eine Maßnahme zur Verkaufsförderung. Dabei zeigt die Erfahrung, dass sich mit Home Staging die Verkaufszeit verkürzt und dass der Angebotspreis der Immobilie erzielt wird, also keine Preisreduzierung

nötig ist. Oder, dass der Angebotspreis sogar noch übertroffen wird.
Die Vorteile für den Verkäufer liegen klar auf der Hand:

- Durch ansprechende Fotos erreichen Sie den größtmöglichen Kreis von Interessenten. Schöne Fotos ziehen in Immobilienportalen eine hohe Aufmerksamkeit auf sich.
- Der Verkauf erfolgt in kurzer Zeit. Das spart Kosten und erspart nicht zielführende Besichtigungen.
- Sie verkaufen zum bestmöglichen Preis. Sie zeigen das Potenzial Ihrer Immobilie und erzielen den höchstmöglichen Preis.

Aber auch der Käufer hat Vorteile! Er bekommt eine sehr genaue Vorstellung, wie er in der Immobilie wohnen kann. Die Immobilie ist gepflegt, Schönheitsreparaturen sind gemacht. Er kann sofort einziehen und weiß, dass er etwas Schönes bekommt. Das sorgt für ein gutes Gefühl. Immobilienkäufe sind für die meisten Menschen das wichtigste und größte Geschäft, das sie in ihrem Leben abschließen. Da muss einfach alles stimmen!

Beispiel 1: Einfamilienhaus, Verkauf im Bieterverfahren: Verkauft nach dem Open House Termin 5.000,- € über Mindestgebot.

Der Verkauf dieses Einfamilienhauses erfolgte im Bieterverfahren. Der Verkäufer hatte eine genaue Vorstellung über den Mindestpreis, der beim Verkauf erzielt werden sollte. Ein Verkauf im Bieterverfahren bot sich folglich an. Die gezeigte Immobilie wurde durch ein Home Staging aufbereitet. Die genaue Zielgruppendefinition spielt beim Home Staging eine übergeordnete Rolle. Bei diesem Haus lag die besondere Herausforderung darin, es von den

Neubauprojekten in unmittelbarer Nachbarschaft abzugrenzen. Dies wurde durch die Betonung der besonderen Architektur des Hauses erreicht. Die Einrichtung der Räume fokussierte sich auf die gehobenen Ansprüche der Zielgruppe, beispielsweise auf Paare im sogenannten „Best Ager“ - Segment. Die Einrichtung der Räume erfolgte dementsprechend, d.h., es wurden neben Küche, Esszimmer und Wohnzimmer ein Ankleidezimmer, ein Arbeitszimmer und ein Gästezimmer eingerichtet. Außerdem wurden die Galerie und der Wintergarten besonders herausgestellt, damit Interessenten bei der Besichtigung erfahren konnten, welches große Potenzial die Räume bieten. Nach einem erfolgreichen Open House gingen einige Kaufangebote ein. Der Verkäufer entschied sich dafür, eines der Kaufangebote anzunehmen. Der gewünschte Mindestpreis wurde übertroffen.

Beispiel 2: Großes Einfamilienhaus: Verkauft am ersten Besichtigungswochenende.
20.000,- € über dem ermittelten Marktwert

Wenn eine Immobilie so richtig in die Jahre gekommen ist wird es schwer, einen Käufer zu finden. Für die meisten Interessenten ist es schwierig sich vorzustellen, was eine solche Immobilie an Potenzial bietet. Und Interessenten scheuen vor allem den Aufwand. Dieser bedeutet nämlich zumeist eine hohe Eigenleistung. Viel Arbeit und Geld investieren, um am Ende nicht genau zu wissen, ob das Ergebnis den Erwartungen entspricht - dieses Risiko gehen Interessenten meist nicht ein. Was also tun? Ganz klar: Home Staging in Verbindung mit umfassenden Renovierungsmaßnahmen: Die Wände weiß streichen, alte und abgenutzte Fußböden austauschen. Dem Objekt buchstäblich einen freundlichen und modernen Anstrich verpassen. Aber lohnt sich das denn? Ganz klar: Ja! Das Beispiel dieses Staging zeigt ein Haus, in dem genau das umgesetzt wurde. Die Eigentümer haben sich nach langen erfolglosen Vermarktungsversuchen dazu entschieden, das Haus zu entrümpeln und zu renovieren. Die alten Teppichböden wurden entfernt, ein helles Laminat wurde verlegt, alle Wände wurden frisch gestrichen, und die Küche wurde zum Esszimmer hin geöffnet. Anschließend erfolgte das eigentliche Home Staging, d.h. die Möblierung und Dekoration des Hauses. Die Investition zahlte sich aus: Die Veröffentlichung des Kaufangebotes führte zu zahlreichen Anfragen und das Objekt konnte bereits am ersten Besichtigungs- wochenende verkauft werden. Der Mehrerlös in Bezug auf den ermittelten Wert der Immobilie betrug unter Abzug der Renovierungs- und Home Staging-Kosten etwa 10.000 Euro! Das konnte sich sehen lassen. Und nicht nur die Verkäufer waren zufrieden - auch die Käufer waren glücklich. Ein Objekt, in das man gleich einziehen kann, ist eben attraktiv.

Beispiel 3: Mehrfamilienhaus, Home Staging der Wohnung im EG als Musterwohnung: Verkauft zum Wunschpreis. Ohne Home Staging waren die Verkaufsversuche etwa ein Jahr erfolglos.

Bei diesem Beispiel handelte es sich um ein Mehrfamilienhaus aus den 1960er Jahren. Alle drei Wohnungen waren stark renovierungsbedürftig. Bei den vorausgegangenen Verkaufsversuchen gingen nur Angebote von Käufern ein die bereit waren, den Grundstückspreis zu bezahlen. Offensichtlich ging man davon aus, dass das Haus selbst keinen Wert darstellte und abgerissen werden müsse. Dabei war die Bausubstanz in Ordnung. Die einzelnen Wohnungen jedoch waren so vollgestellt mit alten

Möbeln und Hausrat und wirkten so veraltet, dass sich keiner der Interessenten vorstellen konnte, dass mit einer entsprechenden Renovierung ein schönes Zuhause entstehen könnte. Die Aufgabe des Home Staging war es also, genau dies zu zeigen. Da alle Wohnungen den gleichen Grundriss aufwiesen wurde die Wohnung im EG als Musterwohnung hergerichtet. Moderne, helle Möbel wurden eingesetzt, um das Potenzial der Räume aufzuzeigen. Und der Verkauf gelang. Die verkaufende Erbengemeinschaft war mit dem Preisangebot zufrieden. Besonders interessant war, dass sich Interessenten, die das Haus vorher gesehen hatten, dieses nach dem Home Staging noch einmal anschauten und sich nun sehr wohl vorstellen konnten, hierin zu wohnen.

Risiken beim Immobilienkauf / Immobilienbesitz

Wie Sie bereits in den vorherigen Kapiteln erfahren haben, gibt es beim Kauf, der Verwaltung und dem Verkauf von Immobilien viel zu beachten. In diesem Kapitel haben wir Ihnen die häufigsten Fehler / Risiken aufgelistet, die wir leider des Öfteren bei der Zusammenarbeit mit unseren Kunden feststellen müssen.

Finanzierung

Bei der Aufnahme von Fremdkapital sollte die Finanzierung optimal auf den Kreditnehmer zugeschnitten sein. Das bedeutet:
Zins und Tilgung müssen so gewählt werden, dass der Kredit in einem angemessenen Zeitraum zurückgezahlt werden kann. Andererseits sollten die monatlichen Raten nicht die komplett monatlich zur Verfügung stehende Summe ausmachen. Denn bleiben aufgrund von Arbeitslosigkeit seitens des Arbeitgebers einmal die Gehaltszahlungen aus, so können Sie schlimmstenfalls Ihren Kredit nicht mehr bedienen.
Ebenso müssen Immobilienkäufer stets mit außerplanmäßigen Ausgaben rechnen. Hierzu ist es immer ratsam, etwas an Rücklagen beiseite zu legen. Haben Sie stets ein Auge auf die Laufzeit Ihres Kredites. Ein niedriger Zins ist bei gleichzeitig niedriger Tilgung und ohne Vereinbarung einer möglichen Sondertilgung nur auf den ersten Blick

eine günstige Finanzierung. Durch die geringe Tilgung verlängert sich die Dauer Ihres Kredites und dadurch könnten Sie am Ende unterm Strich deutlich mehr an Zinsen bezahlen als anfangs eigentlich geplant war. Ist das Darlehen im Rahmen des Darlehensvertrages nach Ablauf des Kredites zurückgezahlt oder besteht eine Restschuld? Sollte es eine Restschuld geben und Sie benötigen eine Anschlussfinanzierung so ist darauf zu achten, wie sich der Zins in den letzten Jahren entwickelt hat. Im schlimmsten Fall gab es eine deutlich steigende Zinsentwicklung, was dann die Bezahlung eines Folgekredits erschweren oder sogar unmöglich machen könnte. Mit der Entscheidung zum Kauf einer Immobilie müssen Sie sich bewusst sein, dass ein Großteil des monatlichen Einkommens für Zins und Tilgung aufgebracht werden muss. Dadurch müssen viele Immobilienkäufer die Ausgaben neu überdenken und auch ihren bisherigen Lebensstil ggf. ändern.

Kapitalanlage

Eine Immobilie als Kapitalanlage zu erwerben ist sicherlich genau der richtige Weg! In den letzten Kapiteln haben Sie erfahren, was Sie beim Kauf und der Verwaltung von Immobilien beachten müssen. Einen weiteren Punkt, der auch einen sozialen Aspekt darstellt, vergessen viele Immobilienbesitzer oder auch Investoren. Mit der Vermietung einer Immobilie bieten Sie einem Menschen ein zu Hause an. Hier bedarf es eines gewissen Fingerspitzengefühls, mit dem Mieter richtig umzugehen und auch kritische

Themen zu besprechen und zu klären. Da wir in unseren Unternehmen auch Hausverwaltungen betreiben ist uns bestens bekannt, welche Anliegen und Wünsche Mieter haben. So ist es durchaus möglich, dass z.B. an Weihnachten ein verärgerter Mieter anruft und sich über eine nicht funktionierende Heizung beschwert. Hier den richtigen Umgang zu finden und schnellstmöglich eine zufriedenstellende Lösung für beide Seiten zu definieren, ist meist nicht ganz einfach. Was wir Ihnen hiermit sagen möchten ist, dass Sie als Kapitalanleger nicht nur monatlich „Miete kassieren“ können, sondern auch dementsprechende Verpflichtungen haben. Des weiteren stellt die richtige Auswahl des nächsten Mieters eine große Herausforderung dar. Sicherlich möchten Sie einen zuverlässigen, sauberen und ruhigen Mieter für Ihr Objekt gewinnen. Hier ist es wichtig, alle relevanten Schritte - wie im letzten Kapitel aufgezeigt - zu beachten. Trotz der Prüfung der finanziellen Lage (SCHUFA-Auskunft), des Nachweises des vorigen Vermieters und eines persönlichen Termins vor Ort können bei der Mieterauswahl Überraschungen auftreten. Seien Sie sich bewusst, dass der Mieter (Bewerber auf die Wohnung) einen guten ersten Eindruck hinterlassen möchte. Was jedoch nach dem Einzug auf Sie zukommt, das bleibt abzuwarten.

Immobilienbesichtigung

Wir machen immer wieder die Erfahrung, dass Kaufinteressenten bereits nach einer 30 minütigen

Besichtigung eine Kaufentscheidung treffen. Natürlich kann es durch die aktuell angespannte Lage am Immobilienmarkt oder die vermeintlich tolle Immobilie vorkommen, dass man sich gezwungen fühlt, schnell zu handeln und dabei eine Entscheidung vorschnell trifft. Jedoch sollten Sie sich als Kaufinteressent auch die Zeit nehmen, um das Objekt ordnungsgemäß zu besichtigen, alle Dokumente zu prüfen und wichtige Punkte mit Makler und Verkäufer vorab zu klären. Wir raten grundsätzlich, sich am ersten Besichtigungstermin Notizen zu machen und alles nochmals in Ruhe zu überdenken. Lassen Sie sich einen zweiten Besichtigungstermin geben. Bei einem zweiten Besichtigungstermin sollten Sie gut vorbereitet sein, mit einem Fragebogen alles nochmals durchgehen und alle offenen Punkte abarbeiten. Führen Sie diesen zweiten Besichtigungstermin auf jeden Fall durch. Der Verkäufer einer Immobilie ist verpflichtet, Ihnen alle wertrelevanten Informationen zur Verfügung zu stellen bzw. Ihre Fragen zu beantworten. Entdecken Sie nach dem Kauf versteckte Mängel, so raten wir umgehend dazu, einen Fachanwalt aufzusuchen. Die Herausforderung besteht darin nachzuweisen, dass dem Immobilienverkäufer diese Mängel im Vorfeld auch bekannt waren. Der Fachanwalt wird Sie dann beraten, ob sie ein Vertragsauflösungsrecht haben, oder ob Schadensersatz vom Verkäufer zu verlangen ist.

Gesetzliche Änderungen

Die Änderung der gesetzlichen Rahmenbedingungen ist durchaus ein weiteres Risiko. So war z.B. im Jahr 2018 die Änderung der Bewertungsgrundlagen für die Berechnung der Grundsteuer ein viel diskutiertes Thema. Der Gesetzgeber musste auf Grund eines Bundesverfassungsgerichturteils bis Ende 2019 die Grundsteuer reformieren. Einen finalen Beschluss gibt es bis dato nicht hierzu. Hier sind neue Berechnungsmodelle im Gespräch und man befürchtet, dass dies zu einer höheren Grundsteuer für Immobilienbesitzer führen könnte. Aber nicht nur die Grundsteuer, sondern auch Gesetzesänderungen hinsichtlich der Berechnung von Maklerprovisionen (letzte Änderung war im Dezember 2020 weitere Infos hier im Buch), die Notarkosten, die Grunderwerbsteuer oder der Mietspiegel können sich ändern. Diese bergen immer ein unkalkulierbares Risiko für Immobilienbesitzer. Im Jahr 2021 ist der CO2 Preis ein weiteres Thema welches sich auf den Immobilienmarkt auswirken kann.

In eigener Sache

Wie bereits eingangs des Buches erläutert, würden wir uns über Ihre Bewertung oder Rückmeldung zum Buch sehr freuen. Wir sind sehr daran interessiert, das vorliegende Buch zu erweitern und zu optimieren und wären sehr dankbar, hierzu von Ihnen zu hören.
Uns ist jedoch bewusst, dass positive Bewertungen eher selten abgegeben werden. Gerade Bewertungen sind für uns unglaublich wichtig, um Rückmeldungen zu erhalten, ob wir mit dem Buch einen Mehrwert für Sie generieren konnten und natürlich auch, um die Bekanntheit dieses Buches zu steigern. Bitte vergessen Sie nicht, dass das Buch viel Wissen und Know-how beinhaltet und das Verfassen eines solchen Werkes viel Zeit - u.a. wertvolle Freizeit - in Anspruch nimmt.

Bitte geben Sie eine Bewertung für das Buch bei Amazon ab. Sollten Sie mit dem Buch nicht zufrieden sein, so wäre es schön, wenn Sie sich direkt an uns wenden.

Mit einer kurzen E-Mail an:
buch@Berreth-Immobilien.de
erhalten Sie alle Dokumente zum Download.

Sollten Sie außerdem Ihre Immobilie (Haus, Wohnung oder Gewerbeimmobilie) in den nächsten Monaten oder Jahren verkaufen wollen, so würde ich mich sehr freuen, Sie persönlich kennenzulernen.

Ihr Immobilienmakler Berreth Immobilien in Baden Württemberg.

www.ingramcontent.com/pod-product-compliance
Ingram Content Group UK Ltd.
Pitfield, Milton Keynes, MK11 3LW, UK
UKHW060404300726
14090UKWH00006B/434

* 9 7 8 3 0 0 0 6 9 6 9 7 8 *